Les Roses
De L'amour
celeste

FLEVRIES
AV VERGER DES
Meditations de Sainct
Augustin
Dediees A Son
Altesse
Par le Sieur de
Rosieres de Chaudeney
capitaine et preuost de
Sain. mihiel
Auec l'embellissement
des figures. &
approbation

S. Augustin.

S. François.

A S. MIHIEL,
Par François
du Bois, Imprimeur
de Son Altesse.
1619.

Honneur ou mort

Honneur ou mort

A SON ALTESSE,

MONSEIGNEVR

Si iadis les Romains, n'ont permis a tous ceux qui bastissoient des palais en leur ville, d'enrichir les frontispices & niches d'iceux, des Images des Cesars & Pompées : C'est vne extrême temerité, a moy qui commence d'eriger a la memoire, non vn palais enrichi de porphire, Architraues, mouleures, & cornices de bõne grace, mais vne simple & basse caßine, d'honorer le front d'icelle du Nom tres-illustre de vostre Alteße, toutefois i'ay creu estre oblegé de l'entreprendre. & cõme son subiect-naturel, & tres-humble

EPITRE.

seruiteur, recourir au Dieu-tutelaire, qui
iuste protecteur des siens, prendra ma deffence en main, & me conseruera contre
les enuieux : Cêt Auguste Nom, faisant
le même en cêt œuure, que l'image de Pro-
thogenes en la ville de Rhodes : laquelle
Pyrrhe braue Roy des Epirotes, desista de
coquêter, pour n'offencer & ne gaster vne
peinture si exquise. Ainsi le temps & l'é-
uie, coniurans contre l'honneur & la memoire de ce liure, au premier éclat & splē-
deur de vostre Nom, changerōt de dessein,
& pour sō respect quitterōt prise, craignāt
d'offenser celuy, que les Monarques, &
grands Princes honorent, le Paranymphe
de clemence, douceur, & liberalité, & de
qui les vertus sont admirées par tout ou la
vertú est connuë : Ie suplie donc tres-hum-
blement vostre Altesse, n'auoir tant dé-

gard a cêt ouurage, indigne de sa grãdeu
& incapable de satisfaire, & contenter v.
esprit releué sur les plus parfaicts, qu'a mõ
intentiõ. Car biẽ qu'il y eût quelque traict
dans ce tableau, qui tant soit peu luy peût
agreer, quoy qu'il soit mãque en beaucoup
de choses, & qu'il parte d'vne main mal
asseurée, ie ne penserois auoir satisfaict a
mon desir, si regardant l'interieur de mon
affection, Vostre Altesse n'auoit connoissance, que ce n'est poinct l'ambition, ny le
desir d'acquerir aucune reputation, qui
me porte en ce dessein, mais vn parfaict, & entier ressentiment, des hõneurs
desquels elle me gratifie, et vne inclina-
tion naturelle, de luy témoigner en toutes
actions, mõ obeißance, & fidelité, & l'extrême recõnoissance que i'ay de ses faueurs
me souciant fort peu quel iugement on face

EPISTRE.

ſe moy par mon œuure, pourueu que i'aye
gaigné ce poinct, d'auoir faict choſe qui
luy ſoit agreable, & que mes fideles ſerui-
ces, puiſſent vn iour l'obleger a les recon-
noître, & ſe ſouuenir que ie ſuis

Le treſ-humble, treſ-fidel, & treſ-obe-
iſſant ſubiect, & ſeruiteur d'icelle
F. de Roiſieres
de Chaudeney.

A LA VILLE DE S. MIEL.

STANCES.

FILLES de Iupiter que Memoire conceut
Quand de luy neuf baisers neuf fois elle receut
Sur le mont Pierie, & toy Dieu qui commandes
Au bal ingenieux, des Pegasides sœurs,
Qui du trepied Delphique, inspires tes fureurs,
Aux chantres Cinthiens des fatidiques bandes

Quittes vôtre seiour, Olympe, Cytheron,
Delphe, Parnasse, Pinde, Aganippe, Helicon
Libethre, Pimple, Ilisse, & du docte Hypocrene,
Les babillardes eaux, qu' vn dos-aislé cheual
D'vn coup de pied leger, fit distiller aual
Le mont Beotien, dans la riue Pirene.

Muses, hastés le pas, venés, accourés voir
De mille Eagriens le resonnant yuoir,
Dans les fertiles champs de la Meuze faconde
Courés belles, courés en ces Lorrains sillons,
Vassalles admirer les troupes d'Apollons
Par nasse, & Cyrrhe encor, en science feconde.

Sain-Miel est nôtre Cyrrhe, & l'vnique flambeau,
Qui seul vous a faict naître, & viure du tombeau,
Mere de Pyliens, d'Vlisses, de Mercures,

ã iiij

STANCES.

Et de Thebains harpeurs, de qui les douces vois
Entrainent apres foy, les hoftes de nos bois,
Font danfer nos forets, baller nos roches dures,

    Cyrrhe honneur fouuerain des ducales poiffons,
Que nos Princes vaillans du Thrace nourriffons
Peignent au front guerrier, de l'Egide Lorraine,
Neueux de Charle-maigne, & du preux Godefroy,
Qui d'Antioche, Tyr, & de Solime Roy,
Rauit aux Ottomans le Paleftin domaine.

    Ville, feiour natal de la fille des Cieux,
Le palais de Iuftice, en peuple glorieux,
Vne docte Cité, qui floriffante embraffe,
Et porte de fes reins les deux fronts fourcilleux,
Ou iadis vôtre bal, alloit d'vn pas nombreux,
Preffer les champs diuins, du Phocide Parnaffe,

    Vn verre gliffe-doux aux Caftalides bords
Refonnant gazouillard maints prophetes accords,
Couleuuroit en replis mille tortices veines,
Le Marfupe truitier émaille nos guerets
Paffemente nos preis, damaffe nos forets,
Arroufe nos faincts murs, & ferpente nos plaines,

    Dans les coûtaux fleureux du Parnaffe Lorrain,
On ne voit point courir de neuf Mufes le train,
Riches en parement de robes Attaliques,
En Efcharpe vne Lyre, & les fleutes en main
Tabouriner le fond du confeillant airain,
Ou folâtres bondir aux dances Pythoniques.

STANCES.

Neuf Dieux, qui de Themis au sage parlement
Balancent droicturiers le poids également,
Neuf portē Cieux Atlas, qui d'vne large épaule
Vont soûtenans l'estàt de nos Princes issus
Des Francions Gregeois, qui par les flots bossus,
Les flammes & le fer ont conquêté la Gaule.

Senat dont la grandeur, la Iustice, le los,
Effacent immortels, la gloire de Pylos,
Cicerons eloquents, veritables Oracles.
Lois des hommes faconds, l'esquarre de nos mœurs,
Des iustes le compas, les Princes de nos cœurs
Et de qui les arréts sont autant de miracles.

Au Parnasßide creux, estoit l'antre sacré
De Coryce, à Phœbus, & Muses consacré,
Entre les fronts cornus d'Hyampe, & Tithorée,
Sont les trones deuins de nos Peres pourprés,
De merite, d'honneur, de graces diaprés,
Le siege de Vertu, la séance d'Astrée,

Vn Cheualier les suit, vn grand Therme d'estat
Vn Gouuerneur fidel, vn sage Potentat,
Vn Mars victorieux fauori de nos Princes,
Qui sur le dos leger du Pegase volant
A ses armes faict bruire, au riuage flamant,
Et de son los empli nos guerrieres Prouinces.

Le fils d'Amphitrion, a planté de ses mains
Deux colomnes Abile, aux peuples Africains.
A l'Europe le mont du Calpe Tarteste,

STANCES.

Ce Lenoncourt Alcide, arbitre de nos Rois,
Separe nos subiects, de Vallons Iberois,
Et borne les confins d'Hespaigne, & d'Austrasie.

A sa dextre vn Minos, inflexible en ses lois,
Inuariable Iuge, vn Oracle en sa vois
Reforme les abus, le droict anatomize,
Epure son essence, & doctement porté,
Tire d'vn esprit vif l'ame de l'equité,
Penetre dans l'obscur, & prudent subtilize.

Ainsi que le Cretois pour estre iusticier,
Et rendre aux Corybants vn conseil droicturier,
S'assit de Iupiter par neuf ans en la table,
Nôtre Minos second, tenant le trebuchet
Practic en iugemens, du droict iamais ne chét,
Par cinq lustres entiers reluit inimitable.

A la gauche paroit, vn flambeau nom-pareil,
Vn Astre de Iustice, & d'honneur vn Soleil,
La gloire des Vertus, œil de nôtre police,
Qui sans distinction, de richesses, de rang,
D'amitié de faueur, de merite, ou de sang,
Poursuit le criminel, & faict punir le Vice.

Et comme le Soleil, qui du moite seiour
Gallope sans repos le Carosse du iour,
Brille tant seulement de ses propres dorures,
Cét œil étincelant des méchans redouté
L'amour des Magistrats, des bons la seureté,
D'vn or adulterin a touiour les mains pures.

STANCES.

Puis d'vne longue suite on appercoit filer
Mille Platons diuins, de qui le doux parler
Surpaſſe la liqueur des pillardes Abeilles
Et de propos mielleux charment ſi doucement
Emeuuent nôtre eſprit, & nôtre entendement
Qu'ils nous tirent trompeurs l'ame par les oreilles.

    Tonnerres d'Eloquence, & vrais foudres encor
Qui de mots éclatans, & de parolles d'or
Tonnent dans vn parquet, attirans Demoſthenes
Torrens des beaux eſpris facondement diſerts,
Qui r'amenent chés nous des Cecropes deſerts,
En vn ſiecle dore les ſciences d'Athenes.

    Et vous, que Coronis aux bords de Laceron
Enfanta de Phœbus, diſciples de Chiron,
Vous ſuiues pas a pas ces eloquentes bandes,
Vous qui fraudés par art, en faueur des humains,
De l'homicide mort, les étouffantes mains,
Et deſertés les Cours des Plutoniques landes.

    Qui ſcaués les vertus des plantes, & comment
Il faut aux languiſſans donner allegement
Hyppocrates fameux, riches d'experience,
Meurtriers de nos langueurs, qui ne manqués iamais
D'vn proffitable effet, en vos ſages eſſais
Honneur des Galiens, abiſme de ſcience.

    Citoiens que mon Prince, en charge ma commis
Venés auecque moy venés mes chers amis,
Aux confins deſirés, ou ie vous ſers de guide,

STANCES.

Sus enfans de Minerue ! entrons en ces beaux lieux
De nôtre sainct Parnasse, ou se plaisent les dieux,
Ou dominent les arts, & la vertu preside.

Esprits vrayment subtils, a qui les Florentins,
Les Tudesques ouuriers, les François les Latins,
Et ceux qui bazanes habitent le riuage,
Ou le fleuue doré va déchargeant ses eaux
Dans le sein de Neptun, arboré de vaisseaux
Doiuent l'inuention des plus riches ouurages.

Paris de l'vniuers, le theatre abregé,
Tes artisans polis en son louure a logé
Et son front honoré de tes belles factures
Rome qui florissoit d'vn lustre souuerain
Superbe maintenant du Pontife Romain,
Decore ses palais de tes viues peintures.

Et vous Mars de Sain-Miel, qui succies dans le bers
Le laict, & les lauriers de gloire touiours verts,
Le Rhin, Moselle, Meuse, Esne, l'Escaut, la Seine
Trompetes de vos faicts, annoncent vos combas,
Qui sans cesse ont porté l'image du trépas,
Et de vos ennemis ensanglanté la plaine.

Herauts de l'Eternel, Prestres, Religieux,
Qui hors, & dans nos murs, humbles deuotieux,
Du vray Melchisedech, gardés la maison saincte
Registres du Seigneur, Celestes truchemans,
Qui tenés en depost les doubles testamens
Bon-heur de nôtre ville, amour de son enceinte,

STANCES.

Interpretes diuins, non point comme vn Python
Du Dieu qui ne portoit aucun poil au menton,
Ou ses augures faux, qui cherchans les presages,
Dans les chauds intestins, le chef de pin mitrés,
Sur la selle à trois pieds Delphiquement outrés
Practiquoient furieux des bestes les langages.

Mais Anges sequestrés du reste des humains,
Qui vers les cieus pour nous sans-fin tendent les mains,
Viuent en celibat, en ieusnes, en prieres
Iour, & nuit du Seigneur parfument les autels,
Imitent sur-veillans les bourgeois immortels,
Et font vn Paradis, ou logent nos miseres.

Prelat de qui l'honneur, les mœurs, l'integrité
Brillent en nôtre Cyrrhe, ains qu'en vn iour d'Esté
Phœbus qui dans nos champs raiouneux se pourmeine,
Ou bien, comme l'on voit flamboier dans les aix
Voutes de l'vniuers, les feux qui de biais
Dansent étincelans en la nuit plus seraine.

Le Ciel embrasse-tout, ne soûtient qu'vn Soleil,
Et Sain-Miel en vertus n'a que luy son pareil,
Rien n'égale sa gloire, & de rien n'est fermée
Vous ne trouuerés point d'exemples si parfaicts
Qui puissent rencontrer le moindre de ses faicts
Et de bien loin encor, suiure sa renommée.

Prince pardonnés moy, si ie me suis mépris
Et si parlant du corps auant que de s'esprit
Des membres que du chef, ce rang ie vous assignes

STANCES.

Ces belles qualités, qui sont pieces du corps
Dont vous estes le chef, & l'ame & les resserts,
Vous relevent d'autant quelles sont pieces dignes.

   Et bien que tout le corps, & les membres a part
Soient miracles des Cieux, de Nature, & de l'art,
Abregés de science, & de grace epitomes,
Ils n'ont point de raport, a vôtre pieté
Vigilance, douceur, conduite, & grauité.
Et de tant de vertus, ne sont que les atomes,

   Vn iour puissai-ie voir au milieu du Senat
Des empourpres Romains reluire cét éclat
Du parfaict, qui vous rend sur le parfait extréme.
Puissent encor les cieux, enterinant mes vœux,
Sur le mon Tarpeien dorer vos blancs cheueux,
Du souuerain Tyare, a triple diadéme.

   Le grand Dieu qui reluit en ses œuures diuers,
Sans lequel on verroit culbuter a l'enuers
Le perissable mur de céte terre basse,
Et verroit on mourir ses membres discordans,
Si cét esprit diuin n'agissoit au dedans,
Et ne mouuoit sans fin le rond de céte masse.

   Le Dieu qui nous regit, n'est point l'œuure des dois
D'Attale ou Lapharis qui taillerent en bois
Deux Appollons diuers, en pieces assorties,
Ny cil que Policlet artistement graueur
D'vn marbre blanchissant, des vieux siecles l'honneur,
Pour Eschoguete mit, sur le haut mont d'Orthies.

STANCES.

Ny cil que Phidias en Athenes fondit,
En Egine Myron, ou Praxitele fit
D'vn metal imager, ny la peinture encore
Que Canache inuentif a richement pourtraict
Et de viues couleurs subtilement parfaict.
Que le peuple idolatre en Sycion adore.

Mais vn Dieu souuerain des hommes, & des Dieux,
Par qui nous sommes tous, inuisible a nos yeux,
Qui gouuerne de l'œil les voûtes, & la terre,
Monarque vniuersel, qui preside par tout
Baze de l'vniuers, sans principe, & sans bout,
Et qui faict quand il veut le repos & la guerre.

Qui seul a d'vn seul mot tiré du monument
Les Poles & peuplé d'hostes le firmament,
De bourgeois sans poûmons le tombeau d'Icarée
De feres les deserts, la terre d'animaux,
De Citadins le vuide, & de qui sont vassaux
Titan, Saturne, Eole, & la perse Nerée.

Vne essence eternelle, vn Dieu Pere commun
Qui verse liberal sur tous, & sur chacun
Les dous-coulans vaisseaux, de ses bontés fidelles,
Qui dans nôtre Sain-Miel cherement adoré
Se campe dans nos cœurs, ches nous s'est retiré,
Et d'vn soin plus soigneux nous couure de ses ailes.

He bien race des Cieux, Muses, viendrés vous point
D'vne pareille ardeur a celle qui me point
Adorer nôtre Dieu, l'vnic, & le supréme,

STANCES.

Arnoncer la grandeur de son nom redouté
Sacrer á la memoire, vn los d'eternité,
Du Seigneur qui est seul, en soy, & de soyméme.

   Viendrés vous point encor. comme moy d'écrocher
Le Luth harmonieux, & ses cordes toucher,
Entonner hautement de Cyrrhe la louange,
Au sommet de l'honneur loger nos Palladins,
Couronner de lauriers nos braues Citadins
Et porter leur renom outre les flots du Gange.

   Tout beau, Muses, tout beau, gardés vous de ramer
En l'abisme douteux, de si profonde mer
C'est vn large sans riue, & sans fond vn Neptune,
Craignés que vostre nef en sillonnant le dos,
D'vn si vaste Occean, lasse de tant de flos
En Capharé n'ebrize Antenne pouppe, & hune,

   Le docte Amyclean, quittant le bord Latin
Et le riuage mol du peuple Tarentin,
Charma si doucement Thetis d'vne harmonie,
Qu'en faueur de son Luth, monté sur vn Dauphin
De Calabre il passa dans le Gregeois confin,
Et vit inespere les champs de Laconie.

   Mais il n'est point ainsi, de mon poulce sonneur,
Les accords sont trop bas, pour vn si grand honneur,
Et trop foibles mes reins, pour si pesante charge,
Il suffit de móntrer par l'ongle ces Lions
Le Soleil éclairant par l'vn de ses rayons,
Sans ietter mon esquif, plus auant dans le large,

Car

STANCES.

Car il faut, pour chanter du grand monde l'ouurier,
Vn Pſalmiſte roial, vn Ange ſon courier,
Et de Prophetes nerfs vne lyre étoffée,
Et pour bien raiſonner la gloire de Sain-Miel
Vne leure coulant vn ius d'Attique miel,
Vn Chantre Vandomois, vn Bartas, vn Orphée.

BENE VALE

LECTOR BENEVOLE.

SCITARIS QVIS QVEIS EX ARIS CV-
SIAS CVLEST LIBELLVS LIBELLIO?
FABOR, ET SINGVLA PER MEVNVM
BARRODVCENSEM DVNOCASTREN-
SEM SCIES, SI SILES : POETA EST,
QVEM NON COGIT ATE, SED AGIT
ACME : VATES NON VILIS SED NO-
BILIS EST , INTER PRISCOS BARRO-
DVCÆOS PATRICIVS, INTER PATRI-
CIOS BARRODVCENSES PRISCVS, ET
PATVLCIVS, HOC NOTAT ELEGAN-
TIÆ FORIS PATVLA, CONNOTANT
ELOQVENTIÆ FORVLI EXPESSVLA-
TI. (LECTOR,) ACCI MENTEM , ET
(SI NON ACCISSÂS) TEIPSVM AD-
VOCES , ABAGIONISQVE MEMOR
(NEMO TVBVRCINATOR BVCCINA-
TOR) AD VOCES ATTENDE, SENSVM
PERPENDE , CENSOR ESTO STYLI
NON ACCLINIS SED ACCLIVIS , ET
MEL ROSETA INTER SANMHIELLA-

NA SELECTVM NON SVBLECTVM
STILLANTIS SVAVITER SVAVI TER-
RAM VSQVE. VATIS LATINI VADIS
PARTHENIVS, ET MVTVATOR, PA-
TRIANI VATIS PRÆS HIPPONÆVS
ANTISTES, CVIVS TRALATOR EST,
QVANTVM SOLVM A COELO, TAN-
TVM ILLE AB ISTO. ITAQVE SI CRE-
PAT ZOILVS, INCREPA, CONCREPA,
QVOD LEXIS EST, MESSIS EST, QVAM
QVI GVSTABIT ERVCTABIT NON
VANA SED SANA, NON EXOSA, NON
MENDOSA, NON MOROSA, SED OR-
NATA. SED ORANDA, PETENDA IM-
PETRANDA; EA MOVEBITVR PIVS.
COMMOVEBITVR IMPIVS. HOC PAV-
CVM (LECTOR HABE A ME FF. IN-
TER MINIMOS MINIMO CVIVS A-
NAGRAMMATISMVS EST.

IN CRVORE † SPIRAVI.

A MONSIEVR DE ROSIERES

SVR LES ROSES DE L'A-
mour celeste.

SONNET.

Vn amoureux printemps enfante mille fleurs.
L'amaranthe, le Lys, l'Hyacinthe, la Rose,
Le Soucy, le Iosmin, la Giroflée éclose,
L'amome, & des Narcis les plaintiues douleurs.
Pomone, qui sourit riche de ses couleurs,
Voit d'vn iour son trepas, & sa naissance close,
L'Aurore en faict le dueil, quand moiteuse elle arrose,
Les renaissans boutons, de ses humides pleurs.
Mais la diuine fleur que Rosieres nous donne,
En Hyuer, en Automne, en tout tâns on moissonne,
Au fleurissant verger de la diuinité,
Sa plante, vne belle ame en extase rauie,
Son parterre les Cieux, ses fleurs l'eternité
Et son bâme odoreux, vne immortelle vie.

A. D. B.

AV MEME.

LES Dieux, ont mainte-fois des habitans du monde
  Transformé, s'il est vray, la nature, & les sens,
  Or en hostes du Ciel, or en loups rauissans,
  En Citoiens de l'air, en arbrisseaux, en onde.
Ils changerent ainsi, d'Orchan la fille blonde,
  Pour ne reuiure plus en Arabique encens,
  Les sœurs de Phaëton, en peupliers blanchissans,
  La fille de Cynare, en Mirrhe aux pleurs fec on de.
Clitie en Tourne-sol, Hiacinte en œillet,
  L'enfant de Liriope, en Narcis violet,
  De Lycas en rocher fut la forme étrangée.
La Celeste bonté, pour trop aymer la fleur,
  A qui le sang d'Adon, fit naître la couleur
  Par vn amour secret, en Rosier m'a changée.

S. D. C.

ANAGRAMME SVR LE
nom de l'Autheur.

FRANCOIS DE ROSIERES.
DANS CIRRE SOIS ORFEE.

DE l'augure *Phebus*, la bande *Pegaside*,
Qui d'vn pas mesuré balloit sur le coupeau,
Du mont deux-fois cornu & se baignoit en l'eau,
Du docte *Amphrysien* a quitté la *Phocide*.

Chés nous est maintenant le fleuue *Castalide*,
Des enfans de *Pallas* le vigilant troupeau,
L'*Hyampe* le *Tithore*, & *Cyrre* le berceau,
Des fatidiques sœurs en l'antre *Corycide*.

Toy le fils d'*Apollon*, également serein,
Mars, & *Themis* encor, regis d'vn méme frein,
Et des plus beaux espris, rens la gloire étouffée.

Charmes de tes vertus nos citadins heureux,
Respirent tes doux airs, en vn seul desireux,
Que tu SOIS pour iamais DANS nôtre CIRRE Orfée.

I. de Mussey
Escuyer Aduocat au Parlement de S.-Miel,
& Lieutenant en la Preuosté dudict lieu.

SVR LES ROSES DE MON-
SIEVR DE ROSIERES.

SONNET.

PHœbus, qui nous faiĉt voir sa perruque dorée,
Ayme victorieux le Prophete laurier,
Berecynthe le Pin, Minerue l'Oliuier,
Et le Myrthe Venus en Erice adorée.

Cloris, du doux Zephir la femme bigarrée,
Se peint de toutes fleurs, au renouueau premier,
Vne seule, qui naît de son œil printannier,
Est, & sera touiours de mon ame honorée.

Le Ciel a mon desir heureusement panché,
D'vne poinĉte d'amour, a mon cœur attaché,
Au Rosier, dont la fleur amoureuse m'enflamme,

Fleur qui naît icy bas, mais emmusque les Cieux,
Lambre gris de mon cœur, la myrrhe de mon ame,
Qui bâme l'vniuers, & parfume les Dieux.

S. D. C.

ē iiɉ

AV MEME.
SONNET.

VN iour le petit fils de Cipris la guerriere
    Trioit vn tas de fleurs de cent mille couleurs
Quand l'Abeille surprit ses petits doigts voleurs,
Et leur tira le coup de sa lance meurtriere,
Hola petit larron dit céte mieilliere,
    Puis que tu m'as volé le doux suc de mes fleurs,
    I'auray de tes doux yeux la liqueur de tes pleurs,
    Pour confire le miel de ma ruche fruictiere.
Ca ça qui veut des fleurs, Rosiere est le rosier,
    Plein de roses d'amour qui croissent au verger
    D'vn Auguste Augustin, Chrestien si céte Auette
Lance en toy l'eguillon de la deuotion,
    Alors tu beniras en touté affection,
    Rosiere & son rosier, l'abeille & sa lancette.

P. D. B.

DV MEME.

Consulte des sept Sages r'appellé,
par charme Pythonique.

Pythoniſſe,

SAges que la Grece feconde,
A tant vanté parmy le monde,
oiés mes charmes & clameurs,
Sus qu'vn chacun de vous s'éueille,
Et cueille vne roſe vermeille,
Sur ce roſier chargé de fleurs.

Iuges ſi leur luſtre & leur grace,
Merite d'eſtre miſe en face,
D'vn Prince de cét Vniuers.
Iugés ſi les ames pieuſes,
Ne ſeront pas trop plus qu'heureuſes,
De ſentir l'odeur de ces vers.

Sus qu'vn chacun de vous auiſe,
D'appliquer icy ſa deuiſe,
Et de reſoudre en peu de mots,
Sy ſur ce Roſiere y a roſe,
Digne du blâme & de la gloſe,
Des Critiques & des marmots.

Bias.

Omnia mea mecum porto.

Las helas ! que pourrions nous dire,
De ces belles fleurs que i'admire,
Sinon que maudits nous estions,
De dire que ces belles roses,
Naient esté pour nous écloses,
Dans nos iardins quand nous viuions.
    Les amassant d'vne ame accorte,
I'eusse dit, voicy que ie porte,
Tout ce que i'ay de pretieux,
Critique, si l'odeur sacrée
De ces roses, te desagrée,
Tu es punais, & chassieux.

Cleobulus.

Optima mensura.

Si quelqu'vn goûte ces beaux vers,
Et ces roses d'vn goust malade,
Il trouuera leur douceur fade,
Comme l'enfant, la mort aux vers,

Mais si quelque autre les balançe,
Dans les bassins de la prudence,
Il iugera que leur douceur,
Emporte le prix d'excellence,
Sur touts autres vers, & science,
Et par dessus toute autre fleur.

Hé que n'ai-ie emply mes mesures,
De ces odeurs & roses pures,
Roses qui parfument les cieux,
Critiques, si l'odeur sacrée
De ces roses, vous des-agrée,
Vous estes punais, enuieux.

Chilon.

Nosce te ipsum.

C'Est peu d'vn homme qui dit bien,
Et qui piaffe en eloquence,
S'il ne se mire en la science
Du haut Tout, & de son bas rien.
Quel plus beau miroir que ces roses,
Ou se connoit l'estre des choses,
Voire méme du Roy des cieux,
Critique. si l'odeur sacrée
De ces roses, te desagrée.
Tu es punais, Asne enuieux,

Periander.

Ira cohibenda.

L'Orgue, qui Saul de-tenoit,
Et l'agitoit d'ire enflammée,
Estoit aussi tost reprimée,
Que Dauid sa harpe sonnoit.
  Que sera donc la melodie,
De céte belle poësie,
Ioincte a la gratieuse odeur,
De ces fleurs, & roses d'élite,
N'est-ce pas pour ietter en fuite,
Et l'ire & l'esprit de fureur.
  Maudite soit mon ignorance,
De n'auoir onc eu cognoissance
De ces fleurs, & chants amoureux,
Critique, si l'odeur sacrée
De ces roses, te desagrée
Tu es punais, & mal'heureux.

Solon.

Nemo ante mortem beatus.

N'Estime l'homme bien-heureux
Durant céte vie mortelle,
Souuent tel n'a poinct de ceruelle
Que l'on pense estre ingenieux.

Vray est que l'homme soucieux,
De cueillir ces roses diuines,
Sur ce Rosiere sans espines,
Doit estre estimé valeureux.

Critique si l'odeur sacrée,
De ces roses te d'esagrée,
Tu es punais & mal'heureux.

Thales.

Ne præs esto.

Ne sois pour autruy caution,
De crainéte qu'vn iour il n'arriue,
Qu'on te dépouille, & qu'on te priue
De ta propre posession.

Mais quand a moy ie suis premier,
Qui prendray touiour faiét & cause,
Pour cil qui possede la rose,
Qui croît sur ce noble Rosier.

Rosier que ie tien precieux,
Critique. si l'odeur sacrée
De ces roses, te desagée,
Tu es punais, & chassieux.

Pittacus.

Ne quid nimis.

Hola, tout beau gens sourcilleux,
Qui n'aues esprit ny science,

Ne vous meslés de taxer ceux,
Qui sont braues par excellence,
   Si voulés estre gens de bien,
C'est icy que pourres l'apprendre,
Mais gardes vous bien de reprendre,
Ces vers, qui ne vous coûtent rien.
   Car plusieurs tournent tout en fiel,
Gros frélons, ames imparfaites,
Qui voudroient garder les auettes,
De faire la cire, & le miel.
   Donc ne soiés audacieux,
Critiques, si l'odeur sacrée
De ces roses, vous desagrée
Vous estes punais enuieux.

Idem.

Temporis habendem esse rationem.

LES roses du ioyeux printemps,
Perdent tost leur beauté vermeille,
Mais, o singuliere merueille,
Ces roses durent en tout temps.
   Toy qui mesures toutes choses,
Selon leurs táns pren desormais,
La peine de cueillir ces roses,
Car il est temps, ou bien ia   ma

Las helas ! que ne suis-ie en vie,
Pour dèrober vne partie,
De ces roses dignes des cieux.
　Critiques, si l'odeur sacrée,
De ces roses, vous desagrèe
Vous estes punais, enuieux.

Pythonisse.

C'Est asses, rentrés a cète heure,
Dans vôtre infernale demeure,
Reprenès vos seps, & vos fers,
Allès puis qu'on sçait les merueilles
De ces fleurs, & roses vermeilles,
Aux Ciel, en la Terre, aux Enfers.
　Vous dirés aux Demons ces choses,
Et comme l'odeur de ces roses,
Leur dèrobera touts les iours,
Vn million d'ames fidelles,
Qui s'en seruent comme d'eschelles,
Pour monter aux diuins seiours.

DV MEME.

Contre les Censeurs.

Les experts nautonniers peuuent iuger des eaux,
L'Alchimiste du feu, que le Mercure attire,
L'empirique subtil des essences qui tire,
Le peintre aime-couleur de ses parlans tabeaux.

Mais ie ne puis souffrir, de voir vn tas de veaux,
Faire les courtisans, & de l'autruy se rire,
Eux impropres a tout, comme l'Asne a la lyre,
Ou comme les souris a prendre les corbeaux.

Ce sont des Sansonnets, qui n'ont que bec, & plume,
Ce sont chiens abbayans a l'ombre de la Lune,
Qui censurent par tout, comme en dernier ressort.

Ce sont comme chardons, au regard de la rose,
Rosieres laisse lés, tes vers plaident ta cause,
Outre que leur respondre, est se faire grand tort.

P. D. B.

HÆC IN GRATIAM NO-
bilißimi viri Francisci a Roserijs , Remi-
gius Bidautius Doct. Med.

QVod mentita suo referunt programmata Ph. œbo,
    Id tibi, qui roseis allicis astra sonis.

Id tibi, qui diuos cythara, diuúmque rosatis
    Augustinum alto pellicis axe lyris.

Id tibi, qui roseis resonas diuina figuris,
    Id tibi, cui roseas fata dedêre manus,

Num tua vox, num te roseum natura negalit,
    Cum roseus roseo mergit ab ore fluor?

Talia cùm roseum tibi suggerit omnia nomen,
    Quàm benè odoratis tempora cincta rosis.

Tu sacra qui pandis sacri mysteria Phœbi,
    Quid tibi quàm roseum posset adesse iubar?

LE MEME AVDICT-SIEVR
de Chaudeney.

DE ton camp,   de ton oſt,   de ton chant,   de ta veine,

L'addreſſe,   l'appareil,   la douceur,   le randon,

Qui enfle,   qui conduit, qui tire,   qui ameine,

   Les courages,   les cœurs,   les rochers,   la raiſon,

T'anime,   te contraint, te conuie,   te traine,

Qu'aux armes, qu'aux aſſauts, qu'en rime, qu'en chanſon,

Tu vange,   tu maintiëne, tu chante,   tu ſereine,

Ton Prince,   ton Seigneur, ton Dieu,   ton Apollon,

Car ton arc,   car ton art,   car ta voix, car ta Muſe,

Qui s'eſtend,   qui ſe plaiſt, qui ſe pouſſe, qui s'vſe,

En vertu,   en ſçauoir, en merite,   en labeur,

Te donne,   te promet, t'amaſſe,   te ramaſſe,

Pour ton but,   pour tõ heur, pour tõ fruit, pour ta grace,

La gloire,   le renom,   les careſſes,   l'honneur,

LE MEME AV LIVRE DV
Sieur de Chaudeney.

***

Svs donc, liuret, ne rougis point,
Bien qu'il te faille entrer en lice,
Tu n'es pas seul qui pour ce poinct,
Souffre & l'enuie, & la malice,
Courage enfançon le pouuoir,
Le trait, l'appuy, la suffisance,
De celuy qui nous te fait veoir,
Sçait estouffer la mesdisance,
Aussi dirai-ie bien sans fard,
Que son esprit prompt en science,
A aussi tôt compris vn art,
Qu'il en preuoit l'intelligence:
C'est pourquoy si tôt que mon œil,
Elança sur toy sa paupiere,
Vit bien qu'en vn petit Soleil,
Il y auoit grande lumiere.
Lors mes vœux conioints au desir,
De cil qui t'a donné naissance,

N'ont recherchés autre plaisir,
Que t'en donner quelque asseurance,
Tousiours son cœur poussé au bien,
Fait que ie t'honore & ie t'aime,
Et ie ne sçay voyant le mien,
S'il est a moy, ou a luy mesme.

R. Bidaut
Docteur en Medecine.

ODE AV LECTEVR

SVR LES ROSES DV SIEVR de Rosieres,

Gratieux Lecteur, ne t'étonne,
  Si le grand Euêque de Bonne,
  Prince des Docteurs, Augustin,
  semble en nôtre Gauloise langue,
  Remediter mainte harangue,
  Qu'il conceut, iadis en Latin,
Ce n'est pas luy c'est DE ROSIERES,
  Qui pinçant les fleurs printanieres,
  De son contemplatif bosquet,
  Si bien a la mode de France,
  Les accommode, & les ageance,
  Qu'il en faict vn riche boucquet.
La même ardeur, la même flâme,
  Les mêmes passions de l'ame,
  Les mêmes élans vers le Ciel,
  Soûpirs nais en même poitrine,
  Les mêmes poinctes de doctrine
  La même douceur, même miela

ï iij

que l'vn & l'autre y assemble,
    L'vn l'autre en tout poinct se ressemble,
    Rien que le langage diuers:
    Touts deux ont dit l'a même chose,
    Horsmis que l'vn l'a dicte en prose,
    Et l'autre l'a redict en vers.
Ce n'est pas chose émerueillable,
    Que d'vne plume dissemblable,
    Deux ayent tracé même écrit,
    L'vn estoit raui d'vn doux spasme,
    L'autre d'vn fort enthousiasme,
    Toutz deux poussez d'vn même esprit.

                    Son tres-humble seruiteur
                            P. du Coudray.

APPROBATION.

IE soubsigné Docteur en saincte Theologie, certifie a-
uoir veu & leu ce present liure intitulé *Les Roses de l'a-
mour celeste*, fleuries au verger des meditations de sainct
Augustin, dediees a Son Altesse, par le Sieur de Rosieres
de Chaudeney, Capitaine & Preuost de Sain-Miel, Au-
quel n'ay rien trouué qui ne soit conforme a la foy Ca-
tholique, Apostolique & Romaine, & tresdigne d'estre
mis en lumiere comme tres-vtile a l'étretien d'vne ame
vrayement pieuse. Faict a Sain-Miel, ce 8. Octobre, mil
six cent & dixhuict,

                            FRANCOIS ROSIER
                            Religieux Benedictin.

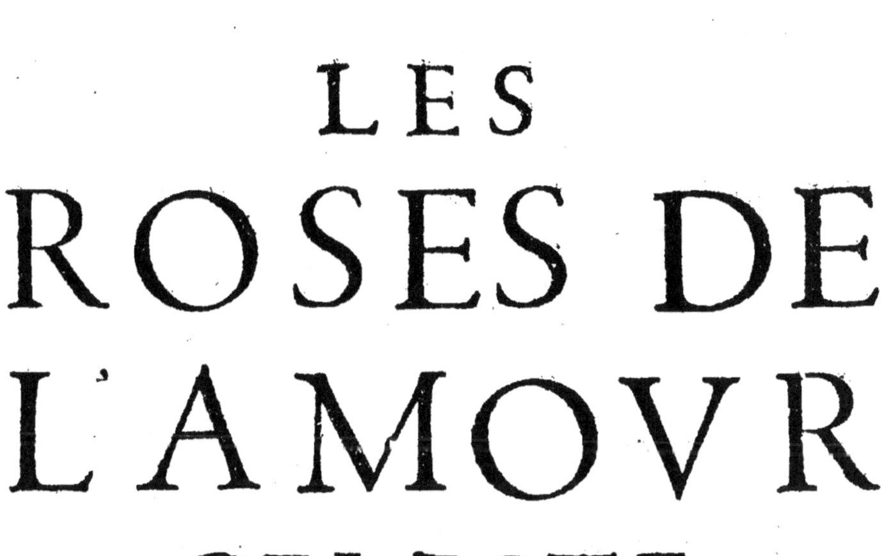

LES ROSES DE L'AMOVR CELESTE.

M. fe.

PRIERE POVR
OBTENIR DE DIEV LA
GRACE DE BIEN
viure.

***

EIGNEVR, fay que mon sein,
pour toy soit vne fláme,
Et que pour te chercher, tout desir soit
mon ame,
Sans cesse te cherchant d'vn ecurage
non las,
Ie te rencontre heureux, te rencontrant ie t'ayme,
Que mes vices blanchis par cét amour extréme,
Ne me facent iamais choper dans le trépas.

Donne o mon Dieu trê-doux, a mes sens connoissance
De leurs forfaiéts commis, a mon cœur penitence,
Les regrés a mon ame, a mes yeux des ruisseaux,
A mes prodigues mains vne sainéte largesse,
Mon Prince, estein en moy la flamme pecheresse,
Et m'embraze des traiéts de tes diuins fiambeaux.

A

Banni, mon Redempteur, arriére la malice
Du superbe sans front, & m'enrichi prop.ce
De ton humilité t.ace de moy. Sauueur,
L'inique mouuement, & l ire dont s'élance
L'homme plein de fureur, & fay que ma deffence,
Soit au ferme bouclier d'vne iuste douceur.

Arrache, Createur, de moy toute l'enuie,
Fay que ie fois benin tout le cours de ma vie,
Donne moy, Pere doux, vne foy fans erreur,
Vne efperance droicte, vne charité feinte,
Efloigne mon penfer d'vne vanité fainte,
De doute mon efprit, d'inconftance mon cœur.

Etrange les brocards de ma langue effrenée,
De mes yeux infolens la fléche empoifonnée,
Des appetits de chair les non-reglés deffeins,
De mon iufte prochain l'iniufte médifance,
L'infatiable faim de l'humaine cheuance,
Et le foin curieux des affaires humains.

Que mon cœur fes penfers aux vanités nè fonde,
Et n'attache fa gloire aux grandeurs de ce monde,
Arriére l'hypocrite, & fon front menfonger,
Des pauures le mépris, de l'ame flatterefse,
La trompeufe douceur, & la bouréle oppreffe,
Du prochain fouffreteux, ou du foible étranger.

L'impatiente soif, & la rage alterée,
De glanner vsurier vne moisson dorée,
N'entame mes esprits, l'enuie aux pâles yeux
N'empoisonne mon sein, d'vne infecte voirie,
Ny du blasphême faux l'insolente furie
Qui nous ouure l'enfer, & nous ferme les cieux.

Mon Dieu, mon Createur, retranche debonnaire
La partiale humeur, & l'effet temeraire
Des troubles sans repos, l'importune langueur,
L'oysiueté tardiue, & la paresse molle,
D'vn esprit éuenté l'inconstance trop folle,
La cruauté des sens, & le bandeau du cœur.

Ciuilise mes mœurs, & me donne la grace
De suiure le conseil, & du iuste la trace,
Clos, & boucle ma leure au propos mensonger,
La pauureté ne soit par moy violentée,
Le foible deuestú, ny l'innocence ostée
D'vn parler importun, médisant, & leger.

Que mes subiects par moy ne tombent en détresse,
Et d'vn ioug impiteux mes seruants ie n'oppresse,
D'vne saincte amitié mon cœur soit le seiour,
Qui ne loge menteur vne flâme trompeuse,
Mon ame ses prochains soulage curieuse,
Sans espoir de loyer, seulement par amour.

LES ROSES DE

Mon Dieu, Dieu de pitié, Dieu de toute clemence,
Humble ie te requier par la douceur immenſe
De Chriſt ton cher enfant, que ie puiſſe arreſté
Tes œuures imiter, & gracieux m'accorde,
De parfaiɛ̃t accomplir ceux de miſericorde,
Pour ioindre dans les cieux ma ſainɛ̃te pieté.

L'ennuy de mon prochain me ſoit vne miſere,
Aux affligés ie ſois, & aux ames le pere
Qui fouruoient de toy, aux triſtes reconfort'
Aux ſouffreteux appuy, aux cœurs pleins de triſteſſe
Vn conſtant ſoulas, aux indigens largeſſe,
Ayde des mal'heureux, & des pauures le fort.

Que ie quitte benin, mes debteurs, & l'offence,
A cil qui ſans ſubieɛ̃t, me martyre, & m'offence,
I'honore mes hayneurs, & paye de bienfait
L'homme, qui contre moy ſes cruautés aiguiſe,
Me garde des malins, l'humble ie ne mepriſe,
I'embraſſe les vertus, & ſuiue le parfaiɛ̃t.

L'alegreſſe mon ſein ſans meſure ne touche,
Vne forte douleur mon ame n'écarmouche,
La gent maligne ſoit vne peſte a mes yeux,
Ma leure de ton ſceau ſoit cloſe que le monde
A mon cœur épuré ſoit vne choſe immonde,
Et ne reſpire rien que les pompes des cieux.

A 3

ACCVSATION DE
L'HOMME PECHEVR, ET
loüange de la misericorde diuine.

V O I C Y, mon Createur, de tes dois la
facture,
Qui s'approche de toy,
Ie demande beaucoup de ta richesse pure,
Mais pour la meriter, Seigneur, ie n'ay dequoy.

Ie confesse mon Dieu, helas! ie le confesse,
Que trop indigne suis
Des tresors de ta grace, & qu'a mon cœur sans cesse
Il faut pour ses pechés des plains, & des ennuis.

Le fermier, le larron, la femme pécheresse,
Comptempteurs de tes loix,
Rentrés dans ton bercail, enleués de l'oppresse
Du tyran infernal, donnent force a ma voix.

L'AMOVR CELESTE.

Toy qui feis de neant, ce tour qui de l'Aurore
Nous faict voir le teint clair,
Admirable en ton œuure, & mille fois encore,
Plus aux rares effets de ta pitié sans pair.

Tu dis par ton seruant, que ta douce clemence
Parlant de toy, Seigneur,
Sur l'œuure de tes mains est parfaite, & immense,
Et pour tes seruiteurs non-pareille en grandeur.

Tu ne veux de ton peuple, ou de ta Creature
Eloigner la pitié,
Et n'as point de mépris contre elle, si pariure,
Elle ne faict dédain de ta saincte amitié.

Tu ne iettes soudain d'vne iuste cholere
Les feux de ton couroux,
Contre ceux qui te font vn sale vitupere,
Ains en te reclamant, tu es leur Pere doux,

O Dieu, de mon salut la corne d'abondance,
Ma garde, & mon naucher,
I'ay prouoqué ton ire, & ta toute-puissance
M'a veu dans le bourbier des forfaicts trebucher.

Ie meritois, helas! vif aux ombres descendre,
Pour mes crimes passés,
Mais quoy tu l'as souffert, & ne me veux reprendre
Au fort que ta iustice à ses traicts elancés.

Si ie fai penitent banqueroute a mon vice,
Tu m'apelles soudain,
Si ie veux de mon cœur arracher la malice,
Tu me cours au deuant, & me donnes la main.

Tu releues mes pas, languiſſant tu m'embraiſes
Des feux de ton amour,
Si ie reuiens a toy, amoureux tu me baiſes,
Tu deſilles mon œil, & luy donnes le iour.

Tu m'enſeignes tes loix, deſſeiches les fontaines
De mes humides pleurs.
Tu tiens ferme le cours d'vn million de peynes,
Qui tenaillent ma vie, & finis mes douleurs.

Ie voy, tout auſſy toſt que ma bouche eſt ouuerte,
Tes treſors découuerts,
Sans chercher tu me rens, & me donnes ma perte,
Et deuant que frapper, les cieux me ſont ouuerts.

O Dieu de mon ſalut, ou ſera ma demeure?
Que feray-ie mon Dieu ?
Ou ſera mon refuge, & ma retraicte ſeure ?
Puis que ta Maieſté, ſe faict place en tout lieu.

Pour ſuiure les vertus, tu me mets en la voye,
Que ta bonté faict voir,
Tu menaces d'enfer celuy qui ſe fouruoye,
Aux iuſtes tu promets ta grace, & le pouuoir,

L'AMOVR CELESTE.

Sus doncques, Pere doux, monstre mon ta deffence,
Eguillonne ma chair,
Affin que ta rigueur, & l'horreur de l'offence,
Ne me face iamais aux crimes trebucher.

Distille dans mon cœur vne saincte alegresse,
De toy, le saint des saints,
Et fay, que pour iouir des fruicts de ta promesse,
En t'aymant icy bas, ie n'aye autres desseins.

Mon refuge, mon fort, mon Seigneur, ma victoire,
Doux Saũeur des humains,
Dui ma leure, & mes dois, aux touches de ta gloire,
A tes graces mon cœur, a tes œuures mes mains.

Rien ne plaist a mon Dieu, comme le sacrifice
D'vn œil moite de pleurs,
Ie scay qu'au penitent, tu es toûiours propice,
Et reçois gracieux ses plainctes, & douleurs.

Donne moy ces tresors, & ce bouclier pour ayde,
Contre mes ennemis,
Du vice le meurtrier, du peché le remede,
Et l'antidote seur aux forfaicts ia commis.

Fay, grand Dieu tout puissant, de mon salut la force,
Que ie ne sois de ceux,
Qui reuerent ton nom, mais a la moindre entorse,
Tombent sans releuer du sommeil paresseux.

L'AMOVR CELESTE.

Enuironne mon chef, pendant la violence
Du demon infernal.
En tristesse me sois vne ferme esperance,
Infaillible salut, au plus fort de mon mal.

Ce sont mes vœux, ô Dieu, ma lumiere, ma flâme,
Mais las! helas ie sens,
Vne peur en mon sein, vn aspic en mon ame,
Vne crainte en mon cœur, vne genne en mes sens.

Les secrets que i'auoir, sont maintenant, ô Sire,
Eleués contre moy,
Ce que ton zele auance, vne crainte retire,
Ie suis porté d'amour, & retenu d'émoy.

Mes forfaicts me font voir ia déia les nuits sombres,
Et ta bonté le iour,
Mes vices chancelans, ainsy que tristes ombres,
Font balancer mon cœur de regrés, & d'amour.

L.M.f.

PLAINCTE DE L'HOMME
QVI PAR DESOBEIS-
sance n'est exaucé de
Dieu.

E quel front impudent, celuy deman-
    de grace,
Qui sçait dedans son cœur estre enfant
    de disgrace?
De quel sourcy celuy qui voit dans les
    cayers
Du Iuge ses forfaicts, recherche des loyers?
Et de quel œil celuy qui voisin du supplice
Desire des lauriers, pour gloire de son vice?

Est ce pas vne erreur au criminel, qui sçait
L'arrét de son mal'heur, poursuiure a son meffaict
Vn triomphe de gloire? vne insolente rage
A l'ingrat, qui cruel faict a son pere outrage,
Et veut desesperé ranger a son pouuoir
Ses terres, ses maisons, son fief, & son auoir?

L'AMOVR CELESTE.

Que fay ie mon Seigneur, ie porte la sentence,
Et l'arrêt de ma mort, i'espere recompense
De toy, mon Createur, i'ay prouoqué sur moy
La cholere sanglante, & le courroux du Roy
De qui i'atten secours, & point ne me soucie
De cil qui dans ses mains, tient ma mort, & ma vie.

Ie demande partage, a toy, mon Pere doux,
I'ay méprisé tes lois, & cause ton courroux,
Helas ! ie vien a tard, car si ie m'euertue
D'auancer, ce sont pas d'vne lourde tortue,
Ie cour, mais las ! comment? les fléches en mon sein,
Et le crime secret logé dans mon dessein.

Sans regle ie viuois, & sans craindre la poinčte
Du menaçant trépas, qui maintenant époinčte
Contre moy sa rigueur, ie n'ay craint d'entasser
Forfaičts, dessus forfaičts, & peruers amasser,
Aux douleurs de ma playe, vne playe nouuelle.
Les maux déia passés, d'vn mal ie renouuelle.

Plongeant par tant de fois dans le vice mon cœur,
I'augmente mes peches, accroissant ma langueur,
Ce que ton bâme cher affermit en mon ame,
Se resoût par l'ardeur d'vne étrangere flâme,
Porte de desespoir, mille nouueaux forfaičts
Plus que les maux passés, freneticque i'ay faičts.

La peau couuroit le mal, de ma chair affolée,
Mais elle est maintenant, en ordure écoulée,
Ainsy mes crimes font, que les diuins effets
De ta misericorde, en moy ne sont parfaits,
L'homme iuste au moment qu'il égare la trace
De tes commandemens, est priué de ta grace.

Pour vne offence, helas ! son nom est arraché,
Du liure de salut, quelle peine au peché,
Aux crimes, aux delicts, a la meurtriere offence,
Commise sans frayeur, apres la penitence?
Combien de fois, seigneur, comme chien i'ay tiré,
Et remis en mon cœur, le poison alteré?

Combien de fois, mon Dieu, comme le porc immonde,
Ie me suis embourbé dans les fanges du monde,
Non ie n'en scais le nombre, he, ne pouuois ie pas
Détacher le pecheur du vice, & de ses lacs ?
Ie l'ay faict trébucher, i'ay monstré la malice
A l'homme sans peché, le chassant dans le vice.

I'ay porté mon vouloir, au conseil des méchans,
Iay les toiles ourdy, & les rets étrichans
Pour le iuste tromper, & plein de deceuance,
En la fosse conduit le bon, & l'innocence,
Pour ne craindre le mal, que fol ie conceuois,
Des ondes de lethé mon ame i'abreuuois.

Mais, o Iuge des cieux, qui sans cesse regarde
Le crime du pecheur qui pren soigneuse garde
Au chemin que i'ay fait, & contes tous mes pas,
Tu te plais au silence, & patient n'as pas,
Témoigné ton courroux, las ! mal'heur a mon ame,
Quand paroitras au ciel, en vn tróne de flâme.

Que tu viendras nombrer sans-nombre mes pechés,
Cy deuant aux humains, non a tes yeux cachés,
Que le soleil cherra des ardentes murailles,
Que l'vniuers cité verra ses funerailles,
Quand cerné des scadrons des Anges glorieux,
Descendras, pour iuger le monde vicieux.

Helas ! mal'heur a moy, lors que d'vn long silence,
Brisant les nœus muets, tu verras mon offence,
D'vn œil portant l'horreur, & l'image de mort,
Et parleras ainsy qu'vne femme au plus fort
De son enfantement, mais las ! vne parole
Qui faiÉl craindre l'enfer, & faiÉl croûler le pole.

L'HOMME PECHEVR
APREHENDE LE IVGEMENT,
la grandeur, & maiesté du
Iuge.

E connois, o Seigneur, Iuge des Sou-
  uerains,
Du monde, & des humains,
Que tu viendras en bref, que les tor-
  ches flambantes,
Et les torrents de feu , marcheront de-
uant toy,
Ton chef sera cerné d'éclairs, & de l'effroy
Des tempestes grondantes.

Tu feras, Tout-puissant, descendre des hauts lieux,
Le pauillon des cieux,
Assembler par ta voix, la gent vniuerselle,
Descouurir ta grandeur a tes iustes esliis,
Ton peuple separer du malin , & confús,
Et le bouc de l'agnelle.

Lors seront aux milliers de ses peuples diuers,
Mes forfaicts decouuers,
Aux regimens heureux des Anges, ma parolle,
Mes folastres discours, mon penser indiscret,
Et le mauuais dessein qui couuoit au secret
De mon ame trop folle.

Les iustes me verront, d'iniustice vestu,
Sans œuure & sans vertu,
Ie seray confondu de leur propre iustice,
Eux seront les tesmoins, ô Dieu, qui feront voir,
Que leur exemple sainct, n'aura peu démouuoir,
Mon ame de malice.

Que diray ie, o mon Dieu? des propos ie n'ay pas
Au fort de ces combas,
Sans cesser, vn aspic genne ma conscience,
L'auarice me poingt, mon cœur est martelé
D'estranges passions, mon esprit affolé
D'vne ingrate arrogance.

Guerroié de la chair, consommé dans les feux
Du malin enuieux,
Ie suis deshonnoré de la rage gourmande,
Confit d'yurongnerie, enflé du poison noir
Des hommes mesdisans, & penchant au vouloir
De la superbe bande.

Les larrecins commis, vont mes maux accroissans,
L'ire gaste mes sens.
Le discours trouble-humains, la blême hypocrisie,
Le mensonge flattier, des fraudes artisan,
La paresse endormie, & l'honneur courtisan,
Ont mon ame saisie.

Sauueur, qui m'as tiré de l'effort outrageant,
D'vne maligne gent,
Voila, Pere benin, ceux a qui ie ne cesse
Sans crainéte faire honneur, voicy les compagnons
De ma bouillante humeur, & les plus chers mignons
De ma folle ieuneffe.

Ce qui m'estoit si cher, m'est or vne douleur,
Desdain, mespris. & pleur,
C'estoient les barquerots de ma flotante rame,
Conseillers de mon cœur, mes freres en douceurs,
Mes citoiens cheris, mes amis les plus seurs,
Amis selon mon ame.

Pourquoy fais-tu le cours de mes ans allonger,
En ce monde étranger?
O mon Dieu, o mon Roy, que mon pelerinage,
Est long en ces bas lieux, helas! i'ay conuersé
Auec ceux de Cedar, mon chef est oppressé
D'vn indigne seruage.

Si ton Prophete-roy, le difoit en fon cœur,
Que dirai-ie Seigneur ?
Sinon, que trop de temps en ce val miferable
Ie fuis faict pelerin, o ma force, o mon Dieu,
Ie fçay que tout humain, viuant en ce bas lieu,
Eft deuant toy coupable.

Mon efpoir ie ne mets aux enfans des humains,
Mais il eft en tes mains,
Si tu deftournes l'œil de ta mifericorde,
Qui fera deuant toy fans crime, & fans forfaits?
Ne me iuge, Seigneur, & ne contes mes fais,
Que ta pitié n'abborde.

Ie connoy, mon falut, que tu me fais fentir
Les traits d'vn repentir,
Ton cœur eft l'écriuain, & l'oracle ta bouche
Que l'homme ne peut pas tes trefors amaffer,
Et riche dans les cieux, fon efpargne entaffer,
Si ton doigt ne le touche.

Sus doncques, o Seigneur, allume dans mon fein
Ce celefte deffein,
Humble, ie te requier, de mon cœur, & mon ame,
Pere doux, Fils tres haut, o fainct Efprit clement,
Enleue d'icy bas mon cœur au firmament,
Des odeurs de ton bâme.

INVOCATION DV PERE
ETERNEL PAR L'ENTRE-
mise de Iesus Christ son fils
vnique.

A MON secours, o mon Dieu, ie t'ap-
pelle,
Car tu es prés de toute ame fidelle,
Qui de ton nom inuoque la gran-
deur,
Verité saincte, ineffable, & im-
mense,
Enseigne moy l'effét, & la candeur
De ta douce clemence.

Si tu ne mets la parolle en ma bouche,
Et de mon cœur n'organises la touche,
Ie ne pourray tes louanges chanter,
En toy, mon Dieu, seul est ma sapience,
Fol est celuy, qui sans toy veut monter,
Au sommet de science.

Graue tes loix , o sagesse parfaicte,
Sur le tableau de mon ame imparfaicte,
Heureux celuy, qui connoit verité,
Et qui la suit. heureux que tu veux rendre
Sage aux secrets de ton Eternité,
Et qui les scait comprendre,

Verité saincte, approche de mon ayde,
Sois mon recours, mon salut, mon remede,
Qu'est ce inuoquer le Dieu de verite,
Par les effets de la ver té même,
Sinon fléchir par le fils de bonté,
La Deité supréme?

Doncques, o Dieu qui as faict des deux poles
L'astre éclairant en toutes tes paroles
Est verité, d'elle sont tes discours
Toy son principe, & sa source premiere,
Au parauant, des temps le reglé cours,
Du Verbe est la lumiere.

Au Verbe sainct, Createur, ie t'adore,
Source de tout, ce que l'œil de l'Aurore,
Faisant sa ronde, éclaire en ce bas lieu.
Guide mes pas, allume dans mon ame
Vn chaut brazier de te voir, o mon Dieu,
Et du Verbe la flâme.

Pourroi-ie mieux éleuer ma priere,
Et du Seigneur adoucir la cholere,
Que par son fils, le dêduit de son cœur?
Le Roy n'a point, pour son sang de vengeance,
Le Pere doux, pour son fils de rigueur,
Mais est plein de clemence.

Ainsi le serf d'vne prison captiue,
Le Criminel d'vne nuit trop chetiue,
Et le coupable, échape de la mort
Si le cher fils du Roy, faict la requête,
Lors des humains, inutil est l'effort,
L'orage, & la tempête.

Le seruiteur, qui sur son chef attire
Le fier courroux & de son mâistre l'ire,
Par la bonté du fils, reçoit pardon,
Ainsi Seigneur, par la douceur immense
De ton vnique, o tres haut, & tres-bon,
Pardonne mon offence.

Détache moy le licol, & cheuêtre,
Qui dans les lacs du pché m'encheuêtre,
Deliure moy, o Seigneur eternel,
Des fiers demons, redonne moy la vie,
Par la grandeur du fils coeternel,
Que mon crime a rauie.

Ou mon recours? ou ma retraicte seure,
Si du Saueur la bonté ne m'asseure?
Saueur benin, qui d'vn flot rougissant
Laue nos maux, qui flechit la iustice,
Et le courroux du pere tout puissant,
Pour nous estre propice.

Voila, Seigneur, cil qui prent ma deffence,
C'est ton cher fils, trésor de sapience,
Le souuerain Pontife, qui n'a point
Teint ton autel d'étranges sacrifices,
Car de son sang, tout l'vniuers il oint,
Pour effacer nos vices.

Voila, mon Dieu, céte hostie plaisante,
Douce au flairer, soüéue, & odorante,
Et l'holocauste entierement parfait,
Ce doux agneau, que nôtre crime affole,
Et contre cil qui cruel luy meffait,
Ne lâche vne parole.

Cét homme-Dieu, qui ne rompt le silence
Pour tant de coups, tant d'opprobre, & d'offence,
Ce bon Saueur, qui n'a point de peché,
Porte sur soy nos ordures infames,
Et de son sang medecin, a touché
Les langueurs de nos ames.

L'HOMME REPRESENTE
A DIEV LE PERE LA
Paſſion de ſon fils.

TOY, qui guides les cieux, ouurage de tes mains
Qui meſures de l'œil, tout le rond de la terre,
Toy, comme tes ſeruants faits bourreaux inhumains,
A ton fils, leur ſauueur, ont denonce la guerre.

Regarde, le trêbon, ſouffrir mille rigueurs.
Souuienne toy, qu'il eſt, celuy qui tient l'empire
De la terre, & des cieux, qui cauſe ſes langueurs,
Et le iour deſaſtré, de ſon cruel martyre.

N'eſt ce pas ô ſeigneur, le Verbe tout puiſſant,
L'immortel, le tres-haut, ta chere geniture,
Sans malice l'agneau, ſans tare l'innocent,
Que tu liures pour moy, ta ſerue creature?

N'eſt ce pas ce grand Dieu, vie de l'vniuers,
Qui pour faire ton vueil, comme la douce agnelle,
N'a crainct les cruautés du circoncis peruers,
Ny l'homicide coup, de la parque infidelle?

O pere de ſalut, voy cil que ta vertú,
A dés auant les temps engendré, en ſubſtance
Ton égal, & ton pair, icy bas combattú
Des miſeres de l'homme, oppreſſé de ſouffrance.

C'eſt ta diuinité, qui ſe veſt de ma chair,
Le Monarque des cieux, habillant ma nature,
Faict ſur le monument de la Croix, épancher
Son ſang pour mon ſalut, & pour ma forfaicture.

Flechi, mon doux ſeigneur, l'œil de ta maieſté
Sur l'ouurage parfaict, de ta grande clemence,
Regarde ton cher fils, indomptable, dompté
Des traicts enuenimés de mon ingrate offence.

Son corps, a clous de fer ſur le bois attaché,
Et de ſes belles mains les deux foſſes profondes,
Pardonnent a mes mains l'homicide peché,
Et verſent a bouillons, ſur moy leurs rouges ondes.

Lâche deſſus mon chef, le canal rougiſſant,
Profondé par le fer d'vne lance poinctue,
Arrouſe tout mon cœur, de ſon flot blanchiſſant
La ſecrete noirceur, du forfaict qui me tue.

Ces pieds qui n'ont fraié la trace des méchans,
Qui touiours ont marché, en droiture, & iuſtice,
Me donnent, que iamais mes pas n'aillent cherchans,
Du pecheur ſans reſpect, le trac, & l'iniuſtice.

Abbreue ton mon cœur du miel de verité,
Ferme en tes mandemens, au hanap ie ne boiue
De ceux, qui contre toy brasent iniquité,
Et le monde trompeur, mon ame ne deçoiue.

Par le Verbe diuin, qui nôtre chair a pris,
Le premier des viuans. par le sainct ton Messie,
Qui de son sang diuin, n'a refusé le pris,
Pour nous oster le ioug de la bande noircie.

Pendant qu'en ces bas lieux ie respire ta loy,
Soy de mes actions la regle, ⁊ la mesure,
Ie puisse estre, a mon Dieu conioinct, puis que pour moy,
Createur il s'est faict, soy même creature.

Contemple ce cher fils, de mille traits percé,
Comme la Parque fiere, attaque temeraire
L'immortel, ⁊ panchant au trépas abaissé,
Rend le facteur du monde, a sès loix tributaire.

Regarde, Pere doux, du fils l'humanité,
Qui pour nous rachepter, ou monde voulut nâitre,
Aye pitié, Seigneur, de nôtre infirmité,
Et des hommes pecheurs, qui de luy tiennent l'estre.

L'albâtre de son sein, blesmit sous le trépas,
Le ruisseau bouillonnant du creux de sa poitrine,
Vermillonne son corps, ⁊ le celeste appas
De son œil, a perdú sa flamméche diuine,

LES ROSES DE

On ne voit point, amber ses precieux rubis,
La peau de l'estomac aux os est attachée,
On ne voit plus nager la rose, sur le lys,
Et par trop de martyre, est sa leure sechée.

Les muscles, & les nerfs de ses bras vigoureux,
Ne sont ore que glace, & de marbre sa cuisse,
Ses pieds sont vn torrent sanglant, & douloureux,
Qui sans fin le salut dedans nos ames glisse.

Tourne tes yeux diuins, o Pere de bonté,
Sur ses membres outrés de dure violence,
Soustien toy, qui ie suis, que cy bas arresté
Ie te doy hommager la vie, & la naissance.

Poise les lons trauaux de nôtre Redempteur,
Qui meurt iniustement, par les hommes rebelles,
Pardonne leur offence, & toy mon protecteur,
Au serf, que tu rauis des ombres eternelles.

Voy, comme de la mort les pallissans effrois,
Les estures, les souets, les sueurs, les battures
Cruel sont genné le souerain des Roys,
Pour deüment effacer toutes mes forfaictures.

C'est, o Pere eternel, ton plaisir le plus doux,
L'obiect de ton amour, de ton cœur l'allegresse,
Que tu as toutefois, animé de courroux,
Frappé de traicts ardans, pour la gent pecheresse.

C'est le iuste sans crime, & sans forfaict commis,
Sans tare l'innocent, sans fraude, & sans malice,
Que les Idumeans, en maint opprobre ont mis,
Aux milieu des pecheurs pleins de crime, & de vice.

LE PE-

LE PECHEVR S'ACCVSE,
ET SE RECONNOIT ESTRE
seul cauſe de la mort & Paſſion de nôtre Seigneur.

FILS trê-cher, de la grandeur im-
menſe,
Quel crime grand , quelle ſi forte
offence,
Auois tu fait, pour eſtre mis
A la mercy des ennemis ?

Quel le forfaict, dent ton ame angoiſſée,
Par tant de maux ton corps a delaiſſée?
Quel crime en ton cœur eſt entré,
Qui t'a de ces ſes rigueurs outré?

C'eſt moy Seigneur, c'eſt ma faute commiſe,
Qui te faict voir les campagnes d'Eliſe,
C'eſt moy qui faict d'vn coup mortel,
Mourir le Sauueur immortel.

Ie ſuis l'obieƈt de ta iuſte vengeance,
Le Criminel, ſubieƈt de ta ſuffrance,
   Et cil qui a par maint peché,
   Tes membres au bois attaché.

O grand ſecret, admirable myſtere,
Du Dieu treſ-haut, puiſſant & debonnaire,
   Le iuſte aux tourmens eſt ſubmis,
   Des crimes qu'il auois commis.

Sur l'innocent du peruers eſt la rage,
L'inique faiƈt, le bon ſouffre l'outrage,
   Le iuſte porte ſur ſon chef,
   Du ſcelerat tout le meſchef.

Ce que le ſerf, en ſon ame peruerſe,
Et le mechant de cruautes exerce,
   Ce grand Seigneur, ce Dieu trê fort,
   Pour leurs forfaiƈts ſouffre la mort.

Quelle douceur, quelle flambante braiſe
De Charité? tes mouelles embraiſe,
   Quel ton amour? ou eſt porté
   L'exces de ton humilité?

Quelle bonte, quelle grande clemence,
Quelle pitié, qui tous tes faiƈts deuance,
   Souffrir les tourments, & les coûs,
   Dont i'ay prouoqué le courrous?

I'ay dans mon sein logé le malefice,
Et deuant toy sans honte, faict le vice,
   Mais la vengeance est contre toy,
   La torture, & le triste émoy.

Ie me suis peu d'arrogance mondaine,
Tu fais mepris de la supe be vaine,
   Mon cœur de gloire est sur haussé,
   Le tien pour elle, est abaissé.

I'ay transgressé ton ordonnance sainte,
Ta loy, Sauueur, en mon ame est esteinte,
   Tu as chargé ces miens forfaits,
   Souffrant, pour les maux que i'ay faits,

Les ieux, les ris, & la delicatesse,
Sont les ébats de ma folle ieunesse,
   Les tiens sont les tristes desers,
   L'angoisse, & les ieûnes amers.

L'es chauts brasiers d'vne molle Cyprine,
Ont allumé de leur feux, ma poitrine,
   D'amour le celeste flambeau,
   Pour moy, te conduit au tombeau.

I'ay violé d'vne ame refractaire,
Les mandemens de ta loy salutaire,
   Mon cœur aux delices plongé,
   De tes sainéts lieux est estrangé.

Mien est le doux, & tienne l'amertume,
Qui de son fiel tes entrailles consume,
   Mien le forfaict, & la douleur
   A pour moy consumé ton cœur.

   Les voluptés, ont mon ame touchée,
Et les tyrans, ta chair ont attachée,
   De fiers tourments, & inhumains,
   En l'arbre sainct, pour les humains,

   I'ay le premier, mis la dent a la pomme,
Et toy Seigneur, pour le salut de l'homme,
   Tu cours au deuant de la mort,
   Et méprises son vain effort.

   Eue me rit, & par elle l'offence
Trouue mon cœur sans targue, & sans deffence,
   Marie distillant ses pleurs,
   Plaint mes regrês & mes mal'heurs.

   Voyla, Seigneur, & mon doux Roy de gloire,
Mon iniustice, & comment sur la noire
   Ombre de mon iniquité,
   Tu fais reluire ta bonté,

   Mon Dieu, mon Roy, que pourray-ie te rendre,
Pour tant de biens, qu'en moy tu viens espandre?
   Comment pourroit l'homme penser
   Des los, pour te recompenser?

L'AMOVR CELESTE.

Quel icy bas, vetú de chair humaine,
Pourroit songer, de nôtre Dieu, qui meine
 Les ressorts de cét vniuers,
 La clemence, & les faits diuers?

Non, non, Saueur, de tes mains la facture,
L'homme chetif, ta serue creature,
 Pour recompence n'a dequoy,
 Donner a son Dieu, & son Roy.

Si le flambeau de ta grace, rayonne
Dessus mon chef, & ta flâme me donne
 Les doux eslans de ta bonté,
 Lors ie plais a ta Maiesté.

Visite donc, o Prince de mon ame,
Ce cœur felon, & viuement l'entame,
 Affin que de tes rais touché,
 Loin ie bannisse le peché.

I'immoleray ce cœur en sacrifice,
Et tu seras, a ton seruant propice,
 Puis que pour moy d'vn fier trépas,
 Tu ne refuses les combas.

Ainsy, Seigneur, endossé de tes armes,
Ie ne craindray des demons les allarmes,
 Malgré les ennemis guerriers,
 Ie seray ceint de verts lauriers.

Par toy l'enuie, & leur rage étouffée,
En toy l'honneur, de ce braue trophée,
   Pour toy, mon chef iray panchant,
   Aux rigueurs d'vn glaiue tranchant.

Si ta bonté, donne force a mon être,
Ose-ie pas approcher de mon maistre,
   Et creature de bas lieu,
   Respondre aux grandeurs de mon Dieu?

C'est, o Iesus, le basme & la cannelle
De ton amour qui ensucre. & emmielle
   Le cœur deuot. & les espris
   Qui sont de tes flâmes épris.

Ie te supply, par tes grandes clemences,
Sur nos ayeux, & dessus nous immenses,
   Donne a mon ame guerison,
   Pléne de fiel, & de poison.

Que ton nectar, & ta sainte Ambrosie,
Mes sens, mon cœur, & mon corps rassasie,
   La pompe, & le luxe mondain,
   Soit de mon ame le dédain.

Pour toy, mon Dieu, toute chose contraire,
En ces bas lieux, puisse ore me déplaire,
   Et pour toy, puissé ie souffrir
   Les violence du mourir.

Que dans l'effort de l'orage, & de l'onde,
Qui de leurs flots, vont balanceans le monde,
    Ie sois faict vn ferme rocher,
    Dont elle ne puisse approcher.

Que rien, sans toy, ne me soit delectable,
Que de mon cœur tu sois le seul aymable,
    Rien ne me soit plus cher, & beau,
    Que la beauté de ton flambeau.

Tout ce qui plaist aux enfans de la terre,
Et le plus cher que ce grand tout enserre,
    S'il n'est de toy, Pere des cieux,
    Qu'il soit desplaisant, a mes yeux.

Ce que tu veux, sans mesure ie l'ayme,
Et pour toy seul mon desir soit extreme,
    Ce qu'a ton œil deplait de voir,
    Iamais ne le puisse-ie auoir

Ie veux, pour toy d'vne blème tristesse
Ternir mes iours, & languir en détresse,
    Sans toy ie ne veux vn moment,
    D'esbat, ny de contentement.

Le souuenir, & la chere memoire
De ton sainct nom, soit ma douceur & gloire,
    Les larmes soient mon entretien,
    Et de ma vie le soûtien.

C 4

Pleurent mes yeux, soit que Phebus se couche,
Ou qu'esueillé, dèia quittant sa couche,
Monstre de sa tresse l'or fin,
Cherchant ta iustice sans fin.

Sur les tresors, les delices diuerses,
Et les grandeurs des pompeux Rois des Perses,
Qu'en mes leures ta douce loy,
Soit les bombances de mon Roy.

Pour te seruir, que i'ouure de mes veines,
A gros bouillons, les vermeilles fontaines,
Et que ie meure mille fois,
Auant que mépriser tes lois.

Ie te requier, o ma seule esperance,
De pardonner a mon ingrate offence,
Ouure mon cœur, fay luy sçauoir,
Tes mandemens, & son deuoir.

Las! ne permets que du iuste il gauchisse,
Es des méchans au vouloir, il flechisse,
Ny que du crime par luy faict,
Il aille celant le forfaict.

Fay, mon Seigneur, que la superbe vaine
Dedans mon sein, l'ambition n'emmeine,
Cil qui ne crainst de t'offenser,
Esloigne de moy son penser.

INRI

L'HOMME PROPOSE A DIEV LE PERE, POVR SA reconciliation, la mort, & Paſſion de Ieſus-Chriſt.

****

OVVERAIN, qui baſtis l'inecrou-
lable mur
De ton palais royal, & ſeis courber
l'aZur
Aſtré des yeux de feux, qui brillent ce
bas monde,
Donne moy tes faueurs car pour les rechercher,
Ie t'offre mon Seigneur, ce qui t'eſt de plus cher
Aux cieux, & au contour de céte voûte ronde.

Rien ne reſte a mon cœur . pour te donner de mieux,
Rien ne m'eſt de plus beau, pour complaire a tes yeux,
Ie te donne mon bien, ma ſeurte, ma fiance,
Mon tout, & mon ſalut, c'eſt o mon Createur,
Ta chere geniture, & mon doux Redempteur,
Qui prent de ſon captif, la cauſe, & la deffence.

C'est le fils de mon Dieu, le mignon de mon Roy,
Qui demande la grace, & se paine pour moy,
I'auray donc mon espoir a mon Dieu salutaire,
Au Verbe. qui pour nous a vetú nôtre chair,
Qui pour du fier trépas, nos ames arracher,
Soy même du trépas, s'est rendú tributaire.

C'est pour nous, o Seigneur, que ta diuinité
Couuerte des haillons de nôtre humanité,
A souffert icy bas les fouëts. la mocquerie,
Les chaisnes, les liens, & les crachats vilains,
De la Croix de salut les tourments inhumains,
Et du Iuif forcené, l'arrogante furie.

Pour nous, les moites pleurs de ton prime berceau,
Les larmes, les soûpirs, de ton age nouueau,
Les veilles, les douleurs du printemps de ta vie,
Les fers, le froid, le chaut, les ieusnes pallissans,
Les suplices cruels, & les coups meurtrissans
Ta maiesté, pour nous a la mort asseruie.

Et pour nôtre salut, des fleuues oublieux
Presse la barque noire, & visité les lieux,
Ou regnent a iamais les ombres de Morphée,
Des cadènes d'enfer, l'homme captif osté,
Au monde reuenú, de terre au cieux monté,
Et du Pere a la dextre, est assis en trophée.

LES ROSES DE

C'eſt mon Dieu, mon eſpoir, qui propice a mon cœur
Appaiſe ton courroux, & ta iuſte rigueur,
Te rend doux a mon crime, & a ma forfaicture,
Iette l'œil ſur ton fis, & ſur le ſeruiteur,
Achepté par ſa mort, connoy le Createur,
Et ne mépriſe, helas ! de ſes doigts la facture.

Embraſſe le paſteur, voy comme ſur ſon dos
Il charge ſon oüaille, & la met en ſon clos,
Celuy qui par les flancs des coſtes empierrees,
Et les vallons murés d'vn ſourcilleux rocher,
Fidele iour, & nuit, n'a ceſſé de chercher,
Et remettre au bercail, ſes brebis égarées.

Brebis, que la rigueur, & cruauté de l'air,
Ia déſia conſommoit au penible deſer,
Si le paſteur, apres tant de peine & de quête,
Sa perte recouurant, n'eût tiré des abbois
Du menaçant trêpas, celle que mille fois,
Il baiſe glorieux, d'vne telle conquête.

Mon Seigneur, & mon Roy ſouuerain, qui d'vn bras
Croûle les gonds du ciel, & le plancher d'embas,
Voy ton paſteur loyal, & ſes douces agnelles,
Selon tes mandemens, il a briſé d'enfer
Les murailles d'airain, & les portes de fer,
Pour enleuer le ioug aux ames criminelles.

Saune l'homme pecheur, & blanchi son forfaict,
C'est l'esbat de ton cœur, & celuy qui m'a faict,
Qui m'a rendu l'honneur de ta grace perduë,
Le berger amoureux, qui d'vn courage fort,
A des brigands meurtriers violenté l'effort,
Et dedans son troupeau, son agnelle renduë.

Le forfaict me contrainct, ta presence quitter,
Le Saueur des humains a me representer,
Il souffre les tourments, quoy que ie sois complice,
Ie merite la mort, mais en sa maiesté,
I'atten les grands effets, de sa grande bonté,
Esperant le pardon, au lieu de mon suplice.

Par maint crime, i'ay peu ta clemence offenser,
Mais ie n'ay point en moy, dequoy, pour émousser
Les traicts de ton courroux, nôtre Dieu est mon ayde,
Mon fort, & mon recours, qui de ma chair vestú,
D'ennuis, & de douleurs, en ces lieux combatú,
Aux miseres de l'homme, apporte le remede.

L'offense est de mon chef, du Saueur homme-Dieu,
A toy, Pere eternel, le los est en tout lieu
Sacrifice plaisant, qui me rend ta clemence,
Plus douce a mon forfaict, lors que sis pres de toy,
Cét enfant bien-aymé, faict homme comme moy,
Te monstre qu'il est né, d'vne méme substance.

Voyla de mon espoir l'asyle sans danger,
L'heureux port, ou mon cœur ne crainct de naufrager,
Car, si ie suis indigne, o Pere, de ta grace,
Voy de mon cher Sauueur l'ardante charité,
De quel flambant amour il fléchit ta bonté,
Et seréne pour nous, les ombres de ta face.

Regarde ce tien fils, car il a prou dequoy
Pour effacer mon crime, & pour oster de moy
La tare, & la noirceur de mon ingrate offence,
Pardonne, Createur, a l'homme terre né,
Puis que ton fils pour nous de chair enuironné,
Couure sa deité d'vne fragile essence.

Laue mon cœur infect, purge le de ses maux,
Ouure nous de rechef ces aimables canaux,
Qui pour l'homme pecheur, ont épanché leurs ondes,
Ne te souuienne plus, que mon sein est remply,
D'ordure. & de meffaict, pour le mettre en oubly,
Plonge le dans le creux, de ces fosses profondes.

L'homme estoit par la chair, des sieges détrôné,
Ou le Sauueur nous á, par sa mort entrôné,
Adam tout le méchef, sur nos testes amasse,
Nôtre Dieu prend le ioug, de crimes suis naur é,
Luy pour nous de son peuple est au trépas liuré,
Tant, & tant, du Seigneur, la bonté nous surpasse.

Les œuvres de nos mains, ne sont qu'iniquité,
Les vôtres, sont flambeaus de Iustice, & bonté,
Car, le Sauueur est grand, sa clemence est extréme,
Tout cede a sa grandeur, & ses faicts Tout puissans,
Vont de leur Maiestés les nôtres surpassans,
Autant, que dessus nous, son essence est suprême.

Tant de crimes ne sont commis par le peruers,
Que les grieues douleurs de Iesus, ont couuers,
Du superbe le fast, & l'arrogance vaine,
S'abbaisse en la douceur de son humilité,
Des enormes pechés l'empire est surmonté,
Par la Croix du Seigneur, & sa mort inhumaine.

D'ou le soleil faict naistre, & luire son flambeau,
Iusques aux sombres lieux, qui seruent de tombeau
Au bel astre du iour, on ne voit tant d'espace.
Ny du plus haut des Cieux, siege des bien-heureux,
Iusques au plus profond, des enfers tenebreux,
Que du pecheur immunde, a la diuine grace.

Doncques, o Tout puissant, qui les courriers dorés,
Fais pour nous cheminer dans les cieux azurés,
Pardonne mon forfaict, par la douleur immense
Du trépas de ton Fils, que sa grande equité,
Surmonte les exces de mon impieté,
Soit mon orgueil vaincu de sa toute-clemence.

L'impatient desir, dont mon cœur est touché,
Par sa longue souffrance, or me soit arraché,
La glace de mon seing soit arse de sa flame,
Les troubles, la rigueur, les desseins trauersés,
De la hayne le fiel, & les traicts courroucés,
Par sa toute-bonté, soyent bannis de mon ame.

INVOCATION DV
S. ESPRIT.

S AINCT Esprit, o flamme sa-
     lutaire,
Amour du Tout-puissant,
Qui vas du Pere, au Verbe debon-
     naire
Les graces vnissant,
Doux Paraclet l'ame tu viuifie,
Qui toute en toy son esperance fie.

Descen, o Dieu, d'vne vertu puissante,
Au profond de mon cœur,
Voy mes secrets, & d'vne flamme ardante,
Déchasse ma langueur,
En moy distille vne seconde orée,
Pour allentir ma chaleur alterée.

Blesse mon sein, & d'vne grande playë
Profonde mon costé,
Brusle Seigneur, & consomme mon foyé,
Des feux de ta bonté,
Nourry mon corps, & mon cœur, & mon ame,
Des doux appas de ta brillante flame.

Ture mes sens, & dessource vn plein fleuue
De Nectar & de miel,
Fay que iamais, mon ame ne s'abbreuue
Du monde, & de son fiel,
Iuge moy, Sire, entrepren ma deffence,
Contre la gent, qui ne crainct ton offence.

Enseigne moy, ta volonté parfaire,
Ton desir, & tes loix,
A l'Eternel, quiconque veut complaire,
Doit entendre ta voix,
Heureux celuy, ou tu fais demeurance,
Il est du Pere, & du Fils la seance.

Approche donc, des ames angoissées
Le gracieux soulas,
Ferme rocher, qui des ondes poussées
Méprises les combas,
Asyle seur, asseurance certaine,
Contre les coups, d'vne force inhumaine.

LES ROSES DE

Auance toy, medecin, qui seul ôte
La lepre des forfaicts,
Touche ma playe, & donne l'antidóte,
A mes crimes infets.
Aux affligés infaillible retraicte
Des oppressés l'asseurance parfaicte.

Consolateur, viue flamme & lumiere
Du cœur doux, & humain,
Fort ennemy, de l'arrogance fiere
Du superbe, & du vain,
Iuge clement de la vefue épleurée,
Des orphelins la demeure asseurée.

Espoir certain aux fortes indigences,
Qui nous vont oppressans,
Remede seur aux blêmes defaillances
Des pecheurs languissans,
Darde tes feux, o, torche mariniere,
Port de naufrage, estoille nautonniere.

Vien, des viuans le triomphe, & la gloire
De l'empire voûté,
Seule esperance aux ames, qui vont boire
Au fleuue de Lethé,
Tres-sainct Esprit, céte demande accorde,
Et la grandeur de ta misericorde.

Aye pitié, de l'humble Creature,
Qui cherche ton secours,
Soy moy propice, oste ma forfaiſture,
A toy seul mon recours,
Dreſſe mon cœur, & flambe dans mon ame,
Les traicts ardants de ta celeste flâme.

Fay, mon Seigneur, par ta grande clemence,
Du Sauueur la bonté,
Par l'Eternel, vn seul Dieu de puiſſance,
Viuant en vnité,
Que ma foibleſſe, & nature muable,
Soit a ta force, & grandeur agreable.

LE PECHEVR S'HVMILIE

DEVANT LA MAIESTE
de son Dieu.

 E croy, Seigneur, & le confesse,
Qu'aupres de toy, chercher adresse,
Ie ne deurois, car las ! ie sçais
Que suis indigne, que tu m'ayme,
Ie n'ay pour ton amour extrême,
De grace, & de merite assés.

Mais, o mon Dieu, tu te contente,
Que mon cœur d'vne flamme ardante,
Pour toy demeure consumé,
Tu fais compte de mon seruice,
Et reçois l'humble sacrifice,
De l'homme, qui t'a reclamé.

D 4

Fay, mon Seigneur, que ie sois digne,
De te seruir, en moy prouigne
Les saincts effets de ta bonté,
Lors, ie chanteray la memoire
De tes clemences, & ta gloire
Porteray dans l'eternité.

Que mon ame banqueroutiere
A tant de crimes soit entiere,
Sans repos, a te louänger,
Auiue, d'vne saincte flâme
Ce corps mien, afin que son ame
Seule a toy se puisse ranger.

Pren mes iours en ta sauuegarde,
Guide mes pas, & contregarde,
Que du malin, ne soys grené,
Prospere les ans de ma vie,
Lors qu'elle me sera rauie,
Par toy son cours soit acheué.

Si tost que dans la sepulture,
Mon corps sera faict pourriture,
Loge mon ame en tes hauts lieux,
En sainct repos, en ta presence,
Son espoir mis en iouissance,
Et au doux regard de tes yeux.

L'AMOVR CELESTE.

LES ROSES DE

A LA TRESSAINCTE
TRINITE.

ERE eternel non engendré,
Qui de rien bastis ce grande monde,
Et d'vn ouurage non-cindré
Feis le ciel, & sa voûte ronde.

Fils tré cher, de sa maiesté
L'vnic ébat, & seule gloire,
Qui as, pour les humains domté,
Le destin de la Parque noire.

Esprit, du Pere procedant,
Et du Sauueur de nôtre race,
Qui dans nos cœurs, vas débordant
Les torrents, de ta saincte grace.

O trois fois saincte Trinité,
Bonté iamais non épuisée,
Trinité vraye, en vnité,
Eternelle, & non diuisée.

O vray, seul, & tout puissant Dieu,
Nous adorons vôtre puissance,
De cœur, & de bouche, en tout lieu,
Nous confessons vôtre clemence.

A vous soit loüange, & honneur,
Beny vôtre nom redoutable.
Vôtre gloire, & vôtre grandeur,
A toujour-mais soit perdurable.

RECOGNOISSANCE DE
LA MAIESTE ET TOVTE-
puiſſance de Dieu.

TRINITE, vertú ſeule adorée,
Saincte grandeur, eſſence inſeparée,
Nôtre Dieu tout-puiſſant,
Nous te louons, moy vile Creature,
Ie vay ſans ceſſe, admirant ta facture,
Et ton nom beniſſant,

Humble de cœur, ie t'offre ſacrifice
D'vn ſainct cantique, a mes vœux ſoy propice,
Eſcoute ton ſeruant,
De tes hauts faicts ie chante les louanges,
Pour ton amour, ie vay les plus étranges
De ton los abbreuant.

Ie ne peux rien qu'en ta bonté ſuprême,
Rien n'eſt en moy, qui ne ſoit de toy même,
Et de ta maieſté,
Ie n'ay, Seigneur, pour t'immoler offrande,
Que les preſents de ta clemence grande,
Et ceux de ta bonté.

C'eſt, de mes ſens vne prompte penſée,
Qui de ton los, la gloire a ſur hauſſée,
Ie chante en ton honneur
Plein d'allegreſſe, & d'vne ame non-ſeinte,
De ſoy entiere, & conſcience ſaincte,
Ie te donne mon cœur.

Ie croy mon Dieu, que ſeul tu ſeigneuries,
Les Citadins & les gendarmeries
De la terre & des cieux,
Ie te confeſſe, o Pere de clemence,
Toy, mon Sauueur, toy Sainct Eſprit qui lance
La lumiere en nos yeux.

Trinité ſaincte, vn ſeul Dieu, en ſubſtance,
D'vne tres-haute, & inuinable eſſence,
Sans égal, & ſans pair,
De ton ſainct nom la grandeur venerable,
Eſt par deſſus toute gloire, admirable,
Et la faict diſſiper.

Sur le parfaict, perfection extrême,
Sans quantité, vne grandeur ſupreme,
Treſ-bon ſans qualité,
Source de vie, ou la mort n'a puiſſance,
Fort, ſans pareil, eternel, & immenſe,
Outre l'eternité.

L'AMOVR CELESTE.

Dieu veritable, ou mensonge n'a place,
Tout, en tout lieu, sans contrainéte, ou espace,
Et sans empéchement,
Present par tout, qui des celestes voûtes,
Vas trauersant le plus bas de nos roûtes,
Sans aucun mouuement.

Ferme touiours, sans lieu, n'y sans mesure,
Qui a pour moy, sa vile creature,
De rien basti ce tout,
Qui sans trauail, ce bel euure soulage,
Donne origine a ce parfaiét ouurage,
Sans principe, & sans bout.

Sans changement, toute chose tu changes,
Grand de pouuoir, puissant en faiéts étranges,
Tres-benin & clement,
Dieu, des secrets sagesse inestimable,
Verité sainéte, & conseil redoutable,
Et iuste, en iugement.

Sainét en ton euure, abondant en clemence,
Trê-patient, a celuy qui t'offence,
Et doux aux penitens,
Qui touiours vn, eternel, immuable,
Fais de ton nom la gloire perdurable,
Viure dessus les temps,

Que la rondeur de céte voûte basse,
Ny le detroit d'vne grande terrasse,
Ne sçauroit contenir,
Sans varier o deité, toute vne,
Que les reuers d'vne gauche fortune.
Ne peuuent des- vnir.

Diuinité, qu'vne amertume forte
Ne va pressant, & qui n'ouure la porte
Au vain contentement,
Qui de l'ethé n'a beu dans l'onde noire,
Qu'vn soutenir, n'a remis en memoire,
De faict, d'heure, & moment.

Rien n'est passé, du cours de nos années,
Rien de futur, n'est a nos destinées,
Car tout est deuant toy,
Nulle origine a peu te donner estre,
Des temps coulés rien ne te faict accroistre,
Ni le sort donne loy.

Car des auant des siecles la naissance,
Tu vis en gloire, en grandeur en puissance,
A toy, doncques, mon Dieu,
Tant que les cours des siecles auront vie,
Pour ton honneur, soit toute ame asseruie,
Et te chante en tout lieu,

הההה
PLENA
GRATIA
AVE
L. Moreau, fecit.

ACTION DE GRACES
SVR L'INCARNATION DV
Verbe diuin.

IVSQVES icy mon Dieu, i'ay de ta maiesté
Le tout puissant effort, & la gloire chante,
De toy, mon Souuerain, qui vois le cœur des hommes,
Profondes le penser, auant qu'il soit porté
Au concept, & dans nous, reconnois qui nous sommes.

Maintenant, o mon Dieu, sur ma lyre, ie veux
Accorder mes chansons, mes hymnes, & mes vœux,
En holocauste sainct pour auoir ce bas monde
Achepté, par le prix de ton fils glorieux,
Et tiré des horreurs de la fosse profonde.

Tout ainsi que de cœur ie le croy, pour en toy
Estre iustifié des graces de ta loy,
I'annonce ta grandeur, & de bouche professe,
Hautement en tous lieux ma creance, & ma foy
Et pour nôtre salut, le crois, & le confesse.

Seul, tu nés enuoyé, Pere d'eternité,
Mais l'Apostre escriuain, du fils á raconté,
Qu'en l'accomplissement des temps, le fis descendre
Des cieux au cloistre sainct d'vne virginité,
Et d'vn homme parfaict la chair humaine prendre.

Comment, du Redempteur, cét euangelisant
Parle dans ses cayers? lors qu'il va predisant,
En ce monde il estoit, le monde est sa facture,
Ou de tout temps il est, en deité present,
Mais du Pere enuoyé, pour vestir ma nature.

O euure sainct, œuure grand, œuure du tout parfaict,
Par dessus les grandeurs, que nôtre Dieu a faict,
Oeuure, qu'estre ie croy, de la toute-puissance
De la Triade saincte, & son commun effect,
Plus que toutes bontés admirable, & immense,

De quel flambeau d'amour, pour nous est allumé
Le flambeau de ton cœur, de quel feu consumé
D'ardante charité, pour moy ta Creature,
Qui n'as point espargné, ton enfant bien aymé
Ains as liuré, pour moy, ta chere geniture?

Qui faict obeissant, iusques au pasle abbort
Du trépas, qui le vit estendu roide mort,
Sur le mont de Caluaire, enleua la cedule
De nos pechés commis, en ce dernier effort,
Et l'attachant en Croix, la rendit casse & nulle.

LES ROSES DE

Sur ce haut monument a cloué mon forfaict,
Triomphe de la mort, & son regne deffaict,
Seul, qui d'entre les mors de reuiure á puissance,
Qui delaisse son ame, & de rechef a faict
Pour nous viure son corps, en seconde naissance:

Tu es le sacrifice, & le prestre immortel,
Qui pour touts les humains, sert d'offrande, en l'autel
Du bois donne-salut, victime pure & munde,
Qui pour rompre les fers, de l'infernal hostel,
T'es toy même immolé, pour les pechés du monde.

Mon espoir sera donc . en toy, fils de bonté,
Qui flechis le courroux du Dieu d'eternité,
Sieds en sa dextre saincte, esloignes de nos têtes
Les coûs du tout-puissant contre nous irrité,
Et presentes pour nous, tes vœux & tes requêtes.

Apporte le dictame aux playes de mon cœur,
Purge le de son mal, arrache ma rancœur,
Appaise mes douleurs, qui grandes. & sans nombre,
Ont succé de mes ans, la force, & la vigueur,
Et d'homme que i'estois, ie ne suis plus que l'ombre.

Le prince de la chair a reuolté mes sens,
Ie le confesse . helas ! le connois & le sens,
Mais, o mon Createur, donne moy deliurance,
Par ton fils, mon Sauueur, par ses yeux gemissans,
Clos pour ma forfaicture, & non pour leur offence.

Ie sois iustifié, par celuy qui n'a pas
Mis son cœur au forfaict, n'y tombe dans ses lacs,
Assiste, par ce chef, plein de bâme, & de grace,
Cête bouche, ennemie aux fraudes, & debas,
Ce tien serf inutil, & vaisseau de disgrace.

Deliure, moy Seigneur, de l'enorme peché,
Détache le cordeau, dont ie suis attaché,
Embrase d'vn brandon, les glaces de mon ame,
Que du monde ne sois ny de ses traicts touché,
De suiure les vertús, vn seul desir m'entáme.

Regle mes actions, mes mains, & leures dui,
Pour l'honneur de ton nom, touts mes œuures condui
Au parfaict de ta loy, ce mien vouloir asseure,
Tant que mes yeux fermés des ombrageuses nuits,
Seront priués du iour de l'humaine demeure.

E 3

E. Moreau f.

DE L'ASSEVRANCE QVE
DOIT AVOIR L'AME FIDELLE
en son Seigneur Iesus-Christ,
& en sa glorieuse Passion.

**

'V N blesme desespoir, mon esprit
　　　angoissé,
Sans cesse gemiroit aux riuages om-
　　　breux,
Ou logent en horreur, les esprits te-
　　　nebreux,
Et du moleste faix de ses crimes pressé,
Vne mordante genne, vne crainte immortelle,
Luy rauiroit l'espoir de la vie eternelle.

Si le Verbe diuin, vestú de nôtre chair,
N'eût commencé d'estre homme & resté toujours Dieu,
Qui de Roy foudroyant esclaue en ce bas lieu,
Pour du Cocyte noir, les hommes arracher,
Fut son entree au monde, & naissant d'vne femme,
Homme, & Dieu, par sa mort, donne vie a nôtre ame.

E 4

Maintenant, ie ne crain, de broncher sous l'effort,
De l'impiteux Sathan, mais tout enflé d'espoir,
I'adore ta grandeur, & me promets de voir,
Ses propices effects, le Sauueur est mon fort,
Mon salutaire asyle, & sa bonté parfaite,
Le fauorable port de ma franche retraite.

Il est pour les humains, a la mort engagé,
L'eternel pour mon crime accepte son trépas,
Me remet en sa grace, & le Dieu qui n'est pas
D'vne coupable offence, au forfaict obligé,
Paye le prix mortel de la fatale pomme,
Et meurt le droicturier, pour le peché d'vn homme.

Ces ruisseaux iallissans par cinq canaux diuers,
Le salut des humains, qui dans leur rouges flos,
Lauans nôtre meffaict, l'Erebe nous ont clos,
Et des climats astrés les hauts palais ouuers,
Sont les torrents diuins, dont la saincte abondance,
Abbreue mon esprit d'amour, & d'asseurance,

Du Seigneur immortel i'espere mon secours,
En Christ, fils de Dauid, ie loge mes desseins,
Ne respire, sinon le monarque des saincts,
Aux effects de mon cœur ie n'ay point de recours,
Car mon ame icy bas de maint crime coupable,
Captiue du peché, traine vn ioug miserable.

L'AMOVR CELESTE.

Grace au Dieu tout-puissant, de qui les doigts sacrés,
Ont du premier Adam tissu le premier traict,
Façonné de neant l'homme son sainct pourtraict,
Et qui, pour le monter sur les p les astrés,
Feit descendre son fils, de la haute voiture,
Le vestant des haillons de ma serue nature.

I'estois au creux profond de l'infernal manoir,
Deshonnoré de crime, & couuert de peché,
Aux cadênes d'Enfer par ma faute attaché,
Mais tu m'as triomphant loin du riuage noir
De l'Acheron sanglant, & des prisons deliure
Du Satrape maudit, par grace faict reuiure.

Pour tant d'exces d'amour, tant d'immense bonté,
Que fidele, tu vas sans cesse conseruant,
Au sein deuotieux, de ton humble seruant,
Ie ren grace immortelle, a ta diuinité,
Et pour te loüanger, sont toutes mes pensées
Au milieu de mon cœur, en iustice amassées.

Le Monarque du ciel l'Eternel donne-lois,
Le Pere tout voyant, des Rois le souuerain,
Qui de la terre ronde, & des cieux tient le frein,
Ayant compassion de l'œuure de ses dois,
En ce monde enuoia le Christ sa même essence,
En gloire son egal, son pareil en puissance.

LES ROSES DE

Le verbe, qui faict chair, sur la terre descend,
Homme & Dieu, que le pere aux humains â donné,
Comme vn homme mortel, d'vne Vierge il est né,
Et se liure pour nous, au trépas innocent,
Comme vray Dieu, de Dieu, sur les cieux il domine,
Faict homme, du vray homme, en la terre il chemine.

Qui pour nous affranchir du seruage mortel,
Prit le fardeau pesant de nôtre humanité,
Son essence couurit de nôtre obscurité,
Rompit les cadenas de l'infernal hostel,
Pleura dedans la creiche, endura nos miseres,
Et souffrit de la mort les angoisses ameres.

Du monument fatal, fit r'animer son corps
Par sa propre puissance, & trois soleils, apres
Les sepulcrales nuits, du funeste cyprés
Remuant, sacagea le royaume des morts,
Et remontant aux cieux, d'vne vertú suprême,
De son pere puissant sied en la dextre même.

Du perruquier Phebus le saffrané flambeau,
Par dix fois quatre iours, cheminant sur le rond
Des cercles estoillés, en son viure second,
Le vit en ces bas lieux, ressorti du tombeau,
Ouurir aux yeux diuins des Apostres fideles,
Le plancher aymantin des voûtes eterneles.

Puis au iour assiné, visitant le troupeau
Des Disciples aymés, pour nous rendre parfaict,
Du Verbe tout-puissant, le promettre, & l'effect,
Pacifique enuoia sans fiel vn colombeau,
Vn esprit donne-esprit, qui confirme la grace,
Aux neueux renaissans de l'Adamiac race.

Ie te ren grace encor, o Dieu victorieux,
Qui pour vaincre Sathan, & l'empire estouffer
Des princes mensongers, qui regnent en ce fer,
Versas les flots bouillans de ton sang precieux,
Et distillas sur nous vne chaude rosée,
Qui les bourgeois du monde a de grace arrosée.

Toy qui de ta bonté, nous pais incessamment,
Dont la parole faict de nôtre pain ta chair,
Du vin, le propre sang que tu fis épancher
Pour le salut de l'homme, & qui sert d'aliment,
Aux ames icy bas, qui sainctement le bouuent,
Et qui ton corps diuin, en iustice reçoiuent.

O celeste repas, salutaire boisson,
Confort des affligés, vie de l'vniuers,
Aux malades salut, le dictame aux peruers,
Le vray froment du ciel, eternele moisson,
Qui pour nous les mortels, en toute grace abonde,
Et roule ses vertus, par tous les coins du monde.

LES ROSES DE

Immense Charité, du grand Prince des cieux,
Qui pour rendre l'humain en gloire triomphant,
Liura, pour nos pechés son cher vnicque enfant,
Donna son propre fils, pour gage glorieux,
Feit du trône empyré le Roy des Roys descendre,
Pour esleuer aux cieux, vne viuante cendre.

Quiconque des mortels, espere au Dieu viuant,
L'ayme de tout son cœur, le cherche pour appuy,
Faict ses commandemens, & fidel, croit en luy,
Ne chopera iamais au conseil deceuant
Du pere des méchans, mais son ame rauie,
Viura dans le repos de l'eternelle vie.

Connoitre vn seul vray Dieu, le craindre, l'adorer,
Porter ses actions aux œuures de sa loy,
Par tout le professer de parolle, & de foy,
Au chemin de vertú sans fin perseuerer
C'est vn viure eternel, vn bâme, vn Ambrosie
Qui de celeste odeur nos ames rassasie.

Ad dominum cum tribularer clamaui.
Psal. 119

L'INESTIMABLE CHAR TE
DV PERE ETERNEL ENVERS
le genre humain.

BONTE grande, admirable clemēce
Du Seigneur immortel,
Pour deliurer vn esclaue mortel,
Liure son fils a toute violence.

Dieu est faict homme, habillant
nôtre chair,
Se vest de ma nature,
Pour nous oster d'vne prison obscure
Et de l'Enfer nos ames arracher.

O nôtre Dieu quelle feruente braise
En ce fils de bonté?
Quel est pour nous, le feu de charité
Et le brandon du flambeau quil'embraise?

Qui non content d'estre Verbe incarné
Né de la Vierge sainéte,
Pour le salut de nôtre race esseinte
Par le peché, son sang nous a donné.

Dieu qui tres-bon de la courtine ronde
Cy bas est descendú,
Pour acheter ce qui restoit perdú,
Et l'enleuer des desers de ce monde.

Pasteur, qui va cherchant d'vn long trauail
Sa brebis égarée,
Et la treuuant, soigneux la retirée
En asseurance au clos de son bercail.

Grande douceur, clemence incomparable,
Non-pareille en grandeur,
Comment pourroit l'homme d'vn tel bon-heur
Loüer assés ta hautesse ineffable?

Qui ne l'admire, & ne sent éiouyr
L'esprit & la pensée,
Pour tant de bien, & de grace amassée,
Dont l'eternel nos ames faiét iouyr?

Le tout puissant donne sa geniture
En semblance de chair,
Chair de peché, pour de nous arracher,
Du vieil Adam la sale forfaiéture.

Iustes en luy nous auons esté faicts,
Et remis en sa grace,
Agneau sans tare ou le crime n'a place,
Ni du pecheur les iniques forfaicts.

Qui par sa mort a la mort étouffée,
Et domté le trépas,
Resuscitant du royaume d'embas
A ramené nos peres en trophée.

Que ferons nous, immense deité
Pour tant de faicts étranges?
Que dirons nous, & de quelles loüanges
Nos cœurs iront admirant ta bonté?

Que les humains de l'entiere science
Des Anges soient vestús,
Suffisamment ne loûront les vertús
Du Redempteur, & sa grande clemence.

Mon cœur faict langue, organe tout mon corps
Voix sa moindre parcelle,
Ie ne pourrois en céte ombre mortelle
Graces te rendre en condignes accords.

La charité de nôtre Dieu surpasse
L'humain entendement
Il a tiré l'homme du monument,
Non pour ses faicts, seulement par sa grace,

L'AMOVR CELESTE.

Ton fils, mon Dieu, les Anges n'a point pris
Mais d'Abram la semence,
Semblable a nous de chair, & non d'offence,
Il voulut naître en ce mondain pourpris.

En ces bas lieux il a pris sa nature
Et son humanité,
Et qui n'a rien des Anges emprunté,
Pour entre nous se faire creature.

Sortant des creux du triste monument,
Son corps il glorifie,
Sur les flambeaux des cieux le clarifie,
Et faict monter au haut du firmament.

Sied en la dextre, & sous luy sont des Anges,
Les regimens heureux,
Les Cherubins, les sainEts ia glorieux,
Et des seruans mille & mille phalanges,

Toute vertu, puissance, maiesté,
Tremble deuant ta gloire,
En contemplant sur ton trône d'yuoire
Les rais ardans de ta diuinité,

C'est mon recours, & ma seule retraiEte,
Car le sang & la chair
Me donnent part, & me font approcher
De ta grandeur, & clemence parfaiEte.

LES ROSES DE

Participant de ton humanité
En ta gloire i'espere,
Glorifié, tu me seras prospere
Puis que ie suis de tes enfans compté.

Quoy que pecheur, i'ay tousiours esperance
De ta grace obtenir,
Si les forfaicts semblent me des-vnir,
Ie suis conioinct, par humaine substance.

Tu n'oubliras l'ouurage de tes dois,
Il est en ta memoire,
Puis qu'homme Dieu pour luy tu voulus boire,
Tant d'amertume, au tombeau de la Croix,

Dieu est tres-bon, son amour est extrême
Sans pair, & non-pareil
Pour les humains de clemence est son œil,
Et nous a faict les membres de soymême.

En céte chair que le doux Redempteur
De bonté viue source,
A par dessus le soleil & sa course,
Au trône sis de nôtre Createur.

Nous ressuscite, & dans la froide biére
Ouure nos pasles yeux,
Pour nous guider en la voûte des Cieux,
Et voir sans fin, sa grace & sa lumiere,

L'AMOVR CELESTE.

Nôtre grand Dieu, de nos corps eſt le chef,
Et nous ſes membres ſommes,
Chef, qui conduict la volonté des hommes,
Oſte les maux, & garde de méchef.

Des ſaincts conioincts, dit, vn arrêt ſuprême,
Sous l'hymen aſſemblés,
Ils ſeront deux en vne chair meſlés
Os de mes os, & chair de ma chair même.

L'homme iamais, n'eut ſa chair en dédain,
En horreur, ou en hayne,
Ains la cherit, & pour elle ſe peine
D'vn entretien gracieux & humain.

Ce ſacrement eſt grand, & venerable,
Dit l'Apoſtre fidel,
Entre le Chriſt, fils du Pere eternel,
Et ſon Egliſe a iamais perdurable.

LES ROSES DE

DES DEVX NATVRES
DE IESVS-CHRIST, QVI A PITIE
& misericorde des Pecheurs, & in-
tercede pour eux aupres de la
diuine Maiesté.

REVEILLE toy mon ame, & sain-
ctement poussée,
Iette dedans les cieux le vol de ta
pensee,
Pour benir le Seigneur,
Au milieu de ton cœur soit ta force
amassee,
Pour chanter la puissance & bonté du Sauueur.

Commence donc, mon ame, & te mets en memoire
Les conquêtes sans pair, la clemence, & la gloire
De ton Dieu tout-puissant,
C'est luy qui va pour toy d'vne braue victoire,
De l'Enfer orgueilleux, la superbe oppressant.

LES ROSES DE

C'est luy qui sur la Croix, est mis pour nôtre offence,
Qui verse de son sang les flots en abondance
Pour lauer ton forfaict.
Et qui ressuscitant d'vne toute-puissance,
A du blê ne trépas le royaume deffait.

C'est luy qui maintenant a la dextre du Pere
Sied en eternité, presente debonnaire
Ses requêtes pour noüs,
Qui les coups foudroians de sa iuste cholere,
Détournant de nos chefs le rend propice & doux.

Fils de nôtre grand Dieu, parauant toute essence,
Les siecles, & les temps, coëgal en substance
Et en eternité.
Vn seul Dieu tout égal, en force & en clemence,
En grandeur, en pouuoir, en saincte maiesté.

Fils enuoié du Pere, au monde sa facture
Faict homme sans peché, né de la Vierge pure
Qui tient en son pouuoir
Tout le rond de la terre, & toute la voutûre,
Qui faict autour de nous sans fin les cieux mouuoir.

Au sainct nom de Iesus les celestes phalanges,
Des Cherubins ardans, & les troupes des Anges,
Fléchissent les genoûs,
Les bourgeois d'icy bas craignent ses faicts étranges
Et l'Enfer tenebreux fremit, & deuient doux.

Toute langue confeſſe, & ne ceſſe de dire,
Que Ieſus le Sauueur, eſt du pere en l'empire,
En gloire inceſſamment,
Faict iuge ſouuerain de l'homme qui reſpire,
Et de cil qui déia repoſe au monument.

Car toy pere eternel tu ne iuges perſonne,
Mais a nôtre Sauueur, ta main tout pouuoir donne
De rendre ſes arrets,
Sauueur de qui le ſein la ſageſſe enuironne,
L'vnique ſapience, & de Dieu les ſecrets.

Iuge de nos pechés, teſmoin de nos offences,
Qui voit en nos deſſeins, & dans nos conſciences,
L'horreur de nos forfaicts,
Deuant qui les ſecrets des humaines ſciences
Sont ouuers, & touſiours preſents comme ia faicts.

Cil que ſa propre gent, cruelle, & ſanguinaire,
D'vn parricide arrêt, fit au bois ſalutaire
Mourir iniuſtement,
Iugera l'vniuers, & fera debonnaire,
Deſſus les peuples ſiens, vn iuſte iugement.

Beni ſoit du Seigneur le ſainct nom venerable,
De ſes faicts infinis la gloire ſoit durable
Outre l'eternité,
Qui a faict l'homme-Dieu vnion admirable,
Ioinct l'eſſence diuine a nôtre humanité.

LES ROSES DE

Vnité de personne, ou Dieu faict homme même,
Et l'homme même Dieu, quoy que de grace extrême
Soit le Verbe incarné,
Deux natures qui sont en la beauté suprême,
L'vne a l'autre n'ont pas leur substance donné.

Au mystere tres-haut de la Trinité saincte
Vne quarte personne on n'a mise, ou conioincte,
Et n'est point de milieu,
Entre l'homme, & le Verbe vne substance est ioincte,
Non confuse, qui faict vn vray seul homme & Dieu.

Ce qui estoit de nous & d'vne Creature,
Qui vit dans les desers de l'humaine nature,
Monte a la deité,
Ce qui estoit de Dieu auant toute facture,
Sans changement demeure en sa diuinité.

O mystere admirable, inefable commerce,
O clemence sans pair, que le Seigneur exerce,
Pour l'œuure de ses mains!
O combien de douceur dedans nos ames verse,
Et touche de son doigt nos courages humains!

Indignes seruiteurs, reduits en esclauage,
De crimes oppressés, nous oste du seruage,
Et choisit pour enfans,
Enfans & heritiers nous faict même partage
Auec Christ, & nous rend en gloire triomphans.

D'où prouient, o mon Dieu, tant d'amour & de grace?
Quel est le sainct donneur, qui de bonté surpasse
Des hommes le penser?
C'est toy, c'est toy, Seigneur, qui pour l'humaine race,
Veux toute ta clemence, en vn corps amasser,

Mais, o Pere tres-bon par l'agneau ton offrande,
Par ta toute-bonté, fay que mon cœur se rende,
Digne de ton vouloir,
Et digne des effects de la promesse grande
Que le Sauueur a faict, a ceux qu'il veut auoir.

Commande a ta vertú, qu'en nous elle accomplisse
Ton œuure commencé, a mon cœur fay propice
Tes graces obtenir,
Par ton alme douceur, donne moy que ie puisse
Au trône des heureux dans les cieux paruenir.

Fay de l'esprit diuin les flaméches descendre,
Par elles a mon cœur les merueilles entendre
De ta grande bonté,
Affin qu'a ton sainct nom, honneur on vienne rendre
D'vn confin de la terre, a l'autre extremité.

O mystere tres-haut, de la grandeur immense,
Dieu s'est faict voir en chair, en esprit de clemence
Il est iustifié,
Veu des Anges, presché aux peuples sans creance,
En ce bas monde creu, aux cieux glorifié.

Nix ego, Sol Christus: radiorum ardore linquesco
An mirum, ex oculis si fluit vnda meis.

ACTION DE GRACES
DE LA CREATVRE A SON
Createur, pour le benefice de
la Redemption.

NOSTRE Dieu, nôtre grand Dieu vivant,
Combi'el'humain est a toy redevable,
Qui racheté d'vn prix inestimable,
T'as dàs les cieux tes graces poursuivàt
A ton seruant.

Que l'vniuers tremble sous l'immortel,
Toute la gent que les feux de l'Aurore,
Vont esclairans, le benisse & l'adore,
Chantons sans cesse vn los a l'eternel
Dieu d'Israël.

Qui nous aymant, nos crimes n'a puni,
Nous a sauué d'ineffable clemence
Sanctifié, portant nôtre substance,
Et faict humain, a nôtre chair vni
A l'infini.

C'est au grand Dieu, mon cœur & mon auoir,
Tous mes desseins, les soûpirs de ma vie,
Toute pour luy mon ame est asseruie,
Que peut on plus icy bas receuoir
De son pouuoir?

Toy donc, seigneur, viue source qui fais
Loin ruisseler, en mille & mille branches,
Les saincts tresors, que sans cesser epanches
Sur les humains, en nous soyent tes bien-faicts
Du tout parfaicts

Pour en ces dons seruir ta Maiesté
Te donner gloire, en chacune iournee,
Gloire sans-fin, des siecles non bornée,
Magnifier ton sainct Nom redouté
Et sa bonté.

Rien n'est en nous de bon œuure amassé
Sinon de toy, les graces coûtumieres
Viennent d'enhaut du Pere des lumieres
Sans changement, de luy tout auancé
Et commencé.

Dieu nôtre Dieu, tout-bon & tout-clemens
Dieu souuerain, eternel, immuable,
Plein de douceur & de grace inneffable,
Qui fit la terre, & tout le mouuement
Du firmament.

Pere tres-doux qui pour moy des hauts cieux,
Et de ton sein fis le Sauueur descendre,
Vestir ma chair, & ma nature prendre,
Et nettoyer par son sang precieux
Mes crimes vieux.

Dieu tout-parfaict de ton Pere eternel,
Homme parfaict, de la Vierge ta mere,
Tout homme & Dieu, vn Seigneur debonnaire
Deuant les temps infini, faict mortel
Dieu l'immortel.

Foible, le fort, sur-marché, le dompteur,
Le Createur est faicte creature,
Le nourricier a receu nourriture,
Agneau sans-tache, & brebis de douceur,
Est le pasteur.

Entre les morts au sepulchre il est mis,
Et maintenant regne dessus les voûtes,
Ou le soleil chacun iour faict ses routes,
Vn seur appuy le Seigneur a promis
A ses amis.

Si l'amertume est ton cœur angoissant,
Presente lors en mon Nom tes requêtes
Au Pere mien, ses bontés seront pretes,
I'iray pour toy le courrous fléchissant
Du tout-puissant.

LES ROSES DE

O Dieu trè-doux Seigneur, le sainct des saincts,
Qui nous cheris d'vn amour tout extrême,
Par le pasteur qui se liure soy-même
Pour son troupeau, des peuples inhumains
Entre les mains.

Le souuerain Pontife de ta loy,
Qui s'est offert en humble sacrifice,
Sied a ta dextre, & sans cesse propice,
Te va priant, o Monarque & grand Roy,
Pour mon esmoy.

Vni mon ame a ton Fils mon Saueur,
Au sainct Esprit viue source de grace,
Que ie benisse en toute, & toute place,
Le nom de Christ, & le tienne en frayeur
Dedans mon cœur.

Humble & contrit, les pleurs aux moites yeux,
Ie chanteray ta gloire & ta clemence,
En l'Eternel vne, & même substance,
Vne est la grace, & les dons precieux
Viennent des cieux.

Comme les traicts par le vuide glissans
Coulent nos iours, le corps est pourriture
Faict de neant, l'ame diuine & pure
Est agrauée, & dedans luy nos sens
Sont languissans.

Eueille moy des ombres du cercueil
Touche mon cœur affin que d'allegreße,
Et iour & nuiɫt, ie te chante sans ceße
Vn sainɫt cantic, & du profond sommeil
Garde mon œil.

Fay petiller au milieu de mon cœur,
Vn chaut braſier d'vne celeſte flâme
A te benir toute ardeur soit mon ame,
Et meditant, ie mire ta grandeur,
Et ton honneur.

Le Saũueur dit, les humains n'ont pouuoir
De Vitre en moy, ſi ce n'eſt de mon Pere
Pres l'eternel, puiſſant & debonnaire,
L'homme Viuant, grace ne peut auoir
Sans mon Vouloir.

Guide Seigneur ce tien seruant mattè
Dedans les cieux, ou le Dieu de Viɫtoire,
Seant a dextre en puiſſance & en gloire
Regne, & ſans fin dure a l'eternité
Sa Maieſté.

Ou les ſcadrons de Dieu, ſur tous les Dieux,
Viuent ſans crainte, en charité parfaiɫte
Vn ſeur appuy, Vn fort, Vne retraiɫte,
Vn iour ſans nuiɫt, a cil qui glorieux
Vit en ces lieux.

Heureux seiour, heureuse mille fois
L'eternité iouissance eternelle,
Bon heur sans fin, la presence immortelle
Du souuerain qui marque & donne lois
Aux plus grands Rois.

Ou l'Eternel, le Verbe mon secours,
En vnité du sainct Esprit de grace
Regnent en Dieu, tant que la perse glace
Des hauts lambris, les siecles, & les iours,
Auront leurs cours.

Da mihi in animo Constantiam.
Iudith.

PRIERE TRES-DEVOTE
A IESVS-CHRIST.

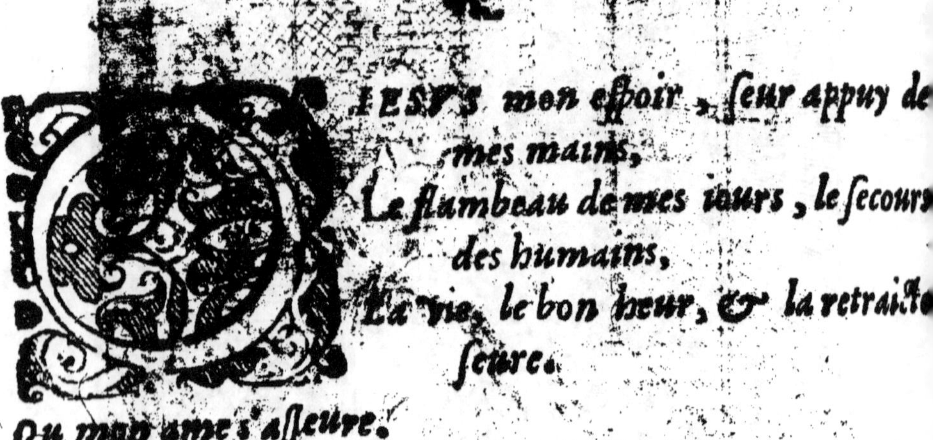

IESVS mon espoir, seur appuy de
mes mains,
Le flambeau de mes iours, le secours
des humains,
La vie, le bon heur, & la retraitte
seure,
Ou mon ame s'asseure.

Toy, qui voulus souffrir pour nous un fier trépas,
Du Louure étincelant darde tes yeux çy bas,
Voy tes chaines, tes fers & l'arbre de victoire,
Ton triomphe, & ma gloire.

Les playes, les douleurs le pourpre rougissant,
Les tourments inhumains, le somme pallissant,
Qui ferme de tes yeux léclairante paupiére,
Dans vne froide biére,

Du pasle monument trois iours apres tu sorts,
Et triomphes vainqueur du royaume des morts,
Asseures tes seruants, affermis leurs paroles,
Les vois, & les consoles.

Les Coursiers de Phébus, de dix fois quatre iours,
Cheminans par les cieux, auoient fini le cours,
Quand homme-Dieu puissant, sans enfraindre les roûtes
Des Azurines voûtes,

De ta propre vertú, sans ayde trauersant,
Les globes, & l'azur ce monde lambrissant,
Sieds, & regnes sans-fin, clement & debonnaire
Au trône de ton Pere.

Tu es mon Dieu viuant, mon Pere, mon grand Roy,
Mon Prince souuerain, qui prens soucy de moy,
Le plus beau de mon cœur, seul amour, seule flâme
Dont s'embraize mon ame.

Prestre d'eternité, mon maître, mon support,
Estoille de mes ans, de naufrage le port,
Mon pain vif, ma douceur, sagesse sans-seconde,
Ou toute grace abonde.

Mon pasteur vigilant, guide qui me conduits,
Parmy le voile brun des effroiables nuits,
Mon repos asseuré, ma lampe coutumiére,
Mon iour, & ma lumiére,

LES ROSES DE

Ma retraicte, ma paix, mon fort, & mon rocher,
Mon salut eternel, ou ie veux attacher
Mon espoir. & mon tout, sans tache mon offrande,
Et ma clemence grande.

Mon bien, & mon desir, mon amour non-parei
Mon Sauueur, qui-benin, m'enleue du cercueil,
Ma vie, mon bon-heur, mes graces non-bornées
Des cieux, ny des années.

Glisse ton sainct Esprit, au milieu de mon sein,
Arréte mon desir, asseure mon dessein,
Que ie viue pour toy, seulement ie respire
Ta gloire, & ton empire.

Tu es la verité, le chemin ferme, & seur,
Qui conduis les humains dans les palais d'asur,
Vie d'eternité, on ne voit sans ta grace,
De ton Pere la face.

Ie me meure, pour toy, mon tres-doux, mon
Et pour ton seul amour, vn celeste flambeau
Brasillonne mes sens, dont la flâme sans cesse,
Vers toy mon cœur adresse,

Gloire de l'eternel, ineffable pouuoir,
Qui mets les diamans de ton trône d'yuoir
Dessus les Cherubins, & vois des voûtes rondes,
Les abîmes profondes.

Soleil de verité, qui flambes radieux,
D'vn même astre en nos cœurs, nos ames, & nos yeux,
Le triomphe. l'esbat, la grandeur adorée,
De la court Etherée.

Ie te liure mon cœur, échauffe ses glaçons,
Chasse de ses forfaicts les nuageux frissons,
Eclaire de tes rais. & dans mon ame iette
De ton feu la sagette.

Donne toy, mon Seigneur, a ton humble seruant,
Ie meurs pour toy mon Dieu, pour toy ie suis viuant,
Si ma force defaut, pour ta bonté supreme,
Fay mon amour extréme.

Pourrai-ie mesurer quelle vertú me faut,
Affin de meriter la gloire du tres-haut,
Courir a bras ouuers, a l'ayde secourable
Du Seigneur ineffable?

Cecy ie sçay, mon Dieu, qu'en mon cœur, en mes os,
Mes veines, mes poumons, ie ne goute repos,
S'il ne vient de ta part, en tristesse est mon ame,
Sans l'ardeur de ta flâme.

Que maître ie soy faict d'vne montagne d'or,
D'vn mont de Diamans, & d'vn plus riche encor,
Ce tout est vn neant, si de ta source viue,
Le trésor ne deriue.

LES ROSES DE

Fontaine de tout bien, sans égal, & sans pair,
Souuerain seul, vnic, & qui ne sçait tromper,
A qui viure, & bien viure, est vne même vie,
D'eternité suiuie.

Moy, vile creature, ouurage de tes dois,
Ie vis trop mal heureux, éloigné de tes lois,
Si le bon-heur me suit, c'est la grandeur immense,
De ta douce clemence.

Seigneur, tu ne mets pas en l'homme ton recours,
Mais las ! que ferons nous sans ton ayde & secours?
Que l'homme soit, ou non, rien ne peut faire croistre,
Ny ton bien, ny ton estre.

A toy donc mon Sauueur, ie me veux attacher,
Et de ton sainct amour, en humblesse approcher,
Affin que vray pasteur, tu m'adresses la voye
Qui de toy ne fouruoie.

Vne masse de chair nous entraine en ces lieus,
Ta grace nous embraise & monte dans les cieux,
Nous cherchons sans relais d'vne legere course,
Ta clemence & sa source.

Nos cœurs en ton amour ont déia trauersés
Les voûtes azurins de flâmes tapissés,
Ils cherchent ta grandeur, & vont sans cesse en quête
Pour ta bonté parfaicte,

Ou leur quête Seigneur ? ou seront desormais
Leur fort, & leur demeure ? en toy ville de paix,
Belle Ierusalem, de Dieu la maison saincte
Vesue de toute crainte.

Seiour tant desiré, celeste bastiment,
Le souhait de nos cœurs, & le contentement,
Sainct lieu, mon seul desir & retraicte asseurée,
D'eternelle durée.

En ce val mal'heureux, nous sommes voyagers
Loin de nôtre cité pelerins étrangers,
Nous courons à ta gloire, & tires de tourmente,
Le Ciel est nôtre attente.

Eueille toy, mon ame, entre dedans ton cœur,
Profonde les secrets du Tout puissant vainqueur,
Beny son nom sacré, ses graces non-pareilles,
Et ses hautes merueilles.

Versés mes tristes yeux vn long fleuue de pleurs,
Captifs en ces desers, abymés de douleurs,
Soyent les faicts du Seigneur en ma bouche sans cesse,
Au fort de ma tristesse.

Saincte Ierusalem, a toy ie veux dresser
Mon ame, mon esprit, mon cœur, & mon penser.
Trône des bien heureux, ô cité de iustice,
Ma mere, & ma nourrice.

Et toy, Pere, tuteur, Monarque souuerain,
Le Prince, le Pasteur, qui fais d'vn œil serain,
Sans desordre mouuoir ce grand tout, qui commandes
Sur les celestes bandes.

Les delices, la ioye, & les biens sur-passans
Par leur toute-grandeur la grandeur de nos sens,
Car tu es, o mon Dieu, le seul bien le suprême
Vray, parfaict, & extrême.

Dont mon ame iamais ne puisse détacher
Ses aimables desirs soit que vestu de chair,
Ie poursuiue le cours de mon pelerinage,
En cét humain seruage.

Soit que priué de corps, mon esprit espuré
Confirmé de ta grace, en repos asseuré,
Vole dedans les cieux lieu de sa prime essence
Au sein de ta clemence.

La resuscitation du Lazare Ioan: 11
E. M. fe
Notum fac mihi finem meum. Pſ. 38.

DISTINCTION ENTRE

LA SAPIENCE QVI EST MAI-
son de Dieu, & la sapience
qui est diuine.

*L*E temple sainct, le superbe edifice,
Dont l'eternel a maçonné le mur,
Et glorieux leué son frontispice,
Sur les palais des prouinces d'azur,
C'est du seigneur, le fort & la de-
meure,
Outre les temps sa durée il asseure.

Oeuure non faict de vile Creature,
Hors de danger, & de mal'heur humain,
Du sort douteux, ruine, & pourriture,
Car nôtre Dieu, l'a basti de sa main,
Graué ses lois en ordonnance saincte,
Qui ne sera d'aucuns siecles esteinte.

O sapience, o sagesse prrfonde!
Non toutefois égale au Createur,
Car elle sort de sa source feconde,
Non eternelle, & semblable au facteur,
Qui sans principe, a produit toutes choses
Dedans les cieux, & céte terre encloses,

Mais sapience admirable, & creée,
Dont la nature est germaine des cieux,
Qui par l'aspect de la flâme increée
Lumiere est faicte, & flambeau radieux,
Dicte prudence, & sagesse diuine,
Quoy que d'aill.urs elle prenne origine.

La sapience, en soy toute parfaicte,
Qui fit la terre, & le ciel son seiour,
Va surpassant céte prudence faicte,
Autant que faict le flambeau donne-iour
Les moindres feux empruntés de la flâme,
Dont le regard, le fait luire, & l'enflâme.

Comme, Seigneur, toy suprême iustice
Iustifiante, excelles par dessus
Celle creée, & qui de nôtre vice,
Nous a par toy iustifié la sus,
L'Apostre dit, que iustice du Pere,
Nous sommes faicts au Verbe salutaire.

LES ROSES DE

Ierusalem de qui le beau solage,
Luit sur les cieux, ouurage de tes mains,
Saincte cité franche de tout seruage,
Chaste nourrice, & mere des humains,
L'ame & l'esprit de céte sapience,
Faicte deuant le monde, & son enfance.

Quels sont les cieux, ou ta demeure saincte,
Le Ciel des cieux, appartient au Seigneur,
Ses mouuemens, son cours, & son enceinte,
Donnent sans fin a l'eternel honneur?
Céte sagesse auoit pris son essence,
Deuant les temps, son estre, & sa puissance.

Et toute-fois le Dieu darde-tonnere,
Auant son estre, eternel & puissant,
Seigneurioit & les cieux & la terre,
Tout ce qui vit du Seigneur est naissant,
Et non du temps, tout est de sa facture,
Le monde, l'air, le ciel, la Creature.

La sapience, est de toy separée,
Autre que toy, elle est deuant les cieux,
Et les flambeaux de la voûte dorée,
Elle se plait aux brillans de tes yeux,
Sans varier, elle est en ta presence,
Et ne ressent le change, ou l'inconstance.

Du changement les ombres, & la glace,
L'obſcurciroit, ſi l'amour arreté,
Dont elle eſt ioincte aux rayons de ta face,
Ne l'embraſoit, comme en vn iour d'eſté,
Poſtillonnant en l'vn & l'autre monde,
Phœbus reluit, au plus chaut de ſa ronde.

A l'immortel, & vray Dieu de puiſſance,
Elle s'unit, d'vn amoureux appas,
Quoy qu'aux grandeurs de ſa diuine eſſence,
Coëternel, vn eſtre elle n'ayt pas,
Ni ſon bon heur, ni ſa gauche fortune,
Croît fauorable, ou decroît importune.

Du changement elle n'eſt point touchée,
Au doux regard de ton œil flamboyant,
Elle eſt touſiours, & ſans ceſſe attachée,
A cil qui n'eſt de tès lois fouruoiant,
Et qui les ſuit Seigneur, tu luy fais grace,
D'eſtre content, en contemplant ta face.

De toy iamais, & de ſoy ne s'eſtrange
Au tout-puiſſant, elle a les yeux fiches,
Inuiolable, en même eſtat ſe range,
D'vn ſainct lien ſes eſprits attachés
En ton amour, vnic. pur, chaſte, & munde,
Toy la lumiere, & des cieux, & du monde.

Trois, quatre fois heureuse Creature,
Que ce grand Dieu, pour vn miracle a faict,
Inimitable, en toute sa facture,
Puis que clouée, a ce bon heur parfaict
Le souuerain, en toy treuue sa place,
Te prodiguant sa faueur, & sa grace.

Le Ciel des cieux, est a l'ouurier des hommes,
Qui de son œil tout voit, & tout regit,
Ie diray donc, que ce temple ou nous sommes,
Temple sacré, que de sa main il fit,
Possede seul vne allegresse saincte,
Qui ne reçoit, ny desir, ny contraincte.

Car rien de mieux que ce bien il n'espere,
Et rien de moins il ne veut desirer,
Vni de cœur, & d'ame sans altere,
Sur vn rocher de paix, faict asseurer
Les fondemens de la bande sacrée,
En saincteté, l'esprit sainct se recrée.

Doncques, appren mon ame pelerine,
Dans les effrois de ces tristes desers,
Ou les demons d'vne fraude maline,
Font éleuer ton cœur & tes pensers,
Combien helas ! dans les vagues plongée
Est trop, & trop, céte course allongée.

Voy si ton cœur, d'vne soif alterée,
S'est ennyuré des graces de ton Dieu,
Si de tes yeux vne source plorée,
A faict couler sans cesse, & en tout lieu,
Vn moite cours, qui te fût en prebende,
Lauant ton pain, ton lict, & ta viande.

Et si ton ame en extase rauie,
Au Tout-puissant son vouloir a porté,
Dieu souuerain, en qui seul est la vie,
De qui les iours, sont en eternité,
Qui n'est vassal du temps, ny des années,
Mais eternel, commande aux destinées,

Qui des auant la naissance du monde,
Dont il ietta premier les fondemens,
Et que ce tout eût pris sa forme ronde,
Auant les cieux, le iour, les elemens,
Tout eternel, en sa puissance range,
Le ciel, la terre, & le temps qui tout mange.

C'est ta maison, qui te voit en presence,
Sans t'éloigner, & bien qu'elle ne soit,
Coëternelle a ta diuine essence,
Ioincte a son Dieu, sa grace elle reçoit,
Du temps vieillard l'effort elle méprise,
Et de ses loix les ordonnances brise.

D'vne liqueur douce, & chaste l'abbreuue,
Tu tiens son œil, en ton œil attaché,
Sans chanceler, touiour ferme se treuue,
Son cœur aymant, de ton aymant touché,
Va méprisant le sort, & la fortune,
Et ne luy chaut sa face blanche, ou brune.

Car rien de mieux a ses ans ne propose,
Qui soit promis aux siecles auenir,
Dans le passé ne voit aucune chose,
Plus admirable, & chere au souuenir,
Elle ne crainct du temps chenú l'outrage,
Et ne reçoit ni le destin, ni l'age.

M. Sculp.

ORAISON DE L'HOMME
AFFIN QVE LA MAISON DE
Dieu face priere pour luy.

E sens dedans mes os, vne ardeur qui
m'emflâme,
Qui faict bouillir mon sang, qui faict
iaillir mon cœur,
Qui brandit de l'amour les torches en
mon ame,
Pour toy, mõ Dieu tres-haut, des vainqueurs le vainqueur,
Pour toy, qui fis ce louure ardant de mainte flâme,
L'ancre des bienheureux, & le port de bon-heur.

Louure dont la beauté sans cesse ie contemple,
Tant que faict voiager, ou le flambeau du iour,
Allumé du grand tout le desert, vague & ample,
Soit que son œil de feu, dore nôtre seiour,
Ou qu'il cede a la nuit, ie voy toũiours ce temple,
En qui i'ay mis mon cœur, mon ame, & mon amour.

Ie bande tous les nerfs de l'humaine penſée,
Aux attraicts de ta gloire, a celuy qui t'a faict,
Et de ſa main diuine, ouuriere compaſſée,
Au Dieu qui m'a formé du limon imparfaict,
Ie dy, fay que ta grace, en mon cœur amaſſée,
M'enleue d'ici bas, au royaume parfaict,

De poſſeder ces biens, immonde Creature,
Sans vertú, ſans merite, indigne ſuis helas!
Mais Dieu Pere commun, ialoux de ſa facture,
Pour nos ames ſauuer, des effrois du trépas,
Briſe du paſle enfer, la funebre clôture,
Et des cieux ia fermés ouure les cadenas,

I'épanche deuant toy, maiſon que ie reuere,
Les vœux de mon ardeur, prodigue mon treſor,
Tes ſainctes oraiſons conioincts a ma priere,
Ie ſçay que ta iuſtice, & que ta grace encor,
Plaiſt au Dieu ſouuerain, eſcoute ma miſere,
Et fay bruire tes plaincts iusqu'en ſon trône d'or.

Ainſy que du troupeau la brebis égarée,
Bêlant cherche ſon mâitre, or ſur le dos rongé
D'vn roc entrefendu, or au fond d'vne prée,
Errant en cét exil trop & trop allongé,
I'atten de mon paſteur la voix tant deſirée,
Ietté loin de mon Dieu, & du ciel étrangé,

H 2

En ce val mal-heureux, ie fay chaque iournée,
Distiller de mes yeux vn torrent ennuyeux,
Mes ans coulent en pleurs, ma vie infortunée,
Trempe dans les douleurs d'vn foin laborieux,
De tristesse & d'ennuy ma couche enuironnée,
Me faict hayr la terre & desirer les cieux.

Sainĉte Ierusalem, de Dieu la cité belle,
En tes porches i'ay mis vn pied tant feulement,
I'atten que mon pasteur, foucieux de l'agnelle,
Qu'inimitable il fit, de rien en vn moment,
Me transporte au bercail, ou la troupe fidelle,
La gloire du Seigneur entonne inceffamment.

Heureux hostes du ciel, vous voiés en prefence
Le Sauueur des humains, qui pour nous acheter
Du feruage infernal, & lauer nôtre offence,
Voulut du fier trépas l'amertume goufter,
Le fang qui de fon fein iaillit en abondance,
Vint aux Anges la paix, & aux hommes porter.

Dieu nôtre feule paix, qui deux parois cimente,
Et conioinĉt nôtre chair a fa diuinité,
Qui fidel en fa voix, ne trompe nôtre attente,
Nous promettant les iours de fon eternité,
Qui faict luire de pair, vne ame triomphante,
Aux celeftes couriers qui font fa volonté.

O Ville de Sion, du tres-haut la demeure,
Tu sois aprés mon Dieu, mon fort, & mon espoir,
Que iamais ton sainct Nom en mon ame ne meure,
Console mes esprits, auance ton pouuoir
Sur mes ans desolés, touiour en moy demeure,
Et fay par ta douceur mes peines deceuoir.

La Cananée agenoüillée deuant nostre
Seigneur.

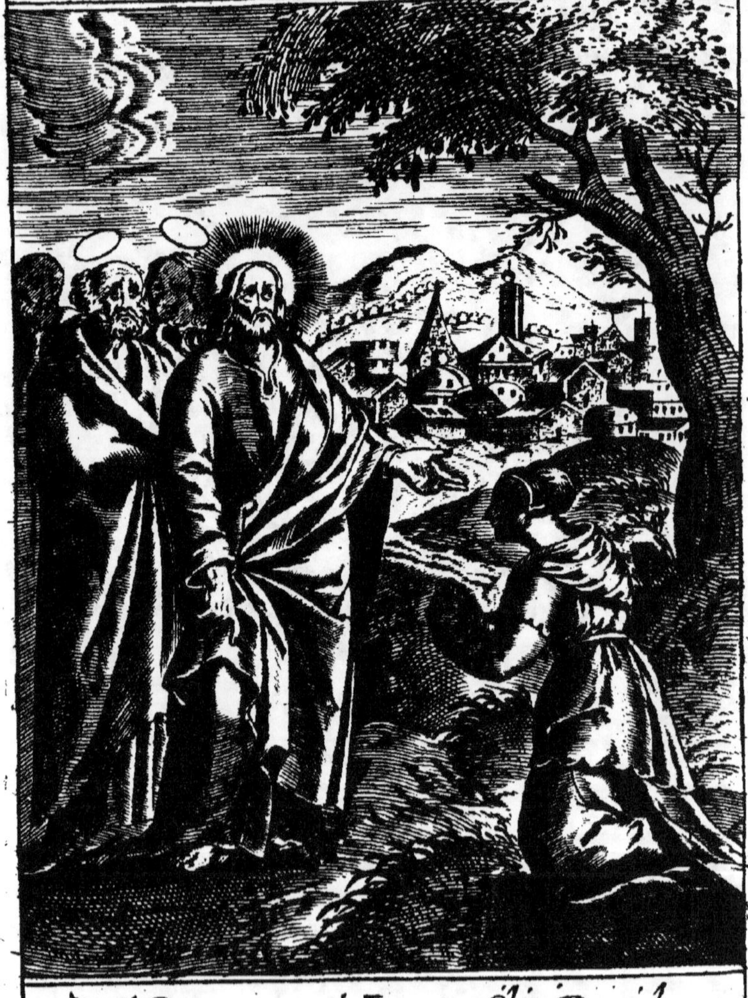

Miserere mei, IESV, fili Dauid.
Math 15

DES MISERES DE LA VIE HVMAINE.

QVELLE douleur las! qui m'atterre,
Et qui sans fin me faict la guerre,
Au fond de ces tristes desers?
Les maux me courent a l'enuie,
Tout coniure contre ma vie,
Les ondes, la terre, & les airs.

Nôtre vie aux langueurs nous meine,
C'est le grand parc ou se promeine
L'angoisse, le soin, la douleur,
C'est la Royne, mere, & nourrice,
Qui faict éclore tout mal'heur,
Le forfaict sans-nombre & le vice.

Vie fragile, courte, vaine,
Du fol imprudent le domaine,
Non vie, ains vn leger sommeil,
Que l'homme dort en ce bas monde,
Vne mort qui de morts abonde,
Plus funebre, que le cercueil.

Dirés vous humains que c'est viure
Ou la mort tant d'assauts vous liure?
La vapeur en air croupissant,
Souffle les fiéures empestées,
Le chaut, & le froid languissant,
Combat en tes veines gastées.

Les Phlegmes, & la noire bile,
Gorgent ton estomach debile,
Au col vne aqueuse tumeur,
Au chef vne forte migraine,
Ta hanche de calcul est pleine,
Tes pieds de froide ou chaude humeur

L'homme friand ayme-cuisine,
De mets delicieux se mine,
Le ieûne morne, & pallissant,
Seche le corps, de mainte peine,
Le soucy nous va tirassant,
Aux débauches le ieu nous traine.

L'ennuy nous point & nous oppresse,
Le grand repos nous apparesse,
Du riche le propre & commun,
Desdain, superbe, conuoitise,
Ambition, vaine sottise,
Et le fol mépris d'vn chacun.

Le ſouffreteux a ſes années
De trauail & pêne bornées,
La ieuneſſe pleine de vent,
Acariaſtre, & mal habile,
Et le vieillard va decenant,
Sa foibleſſe morne, & debile.

Iamais ne ceſſe la tourmente,
Vn mal fini vn autre augmente,
Vn grand mal'heur vn plus grand ſuit,
La mort a l'œil horrible, & paſle,
Soudain a l'Orque nous deuale,
Bruni des ombres de la nuiĉt.

Fiére mort, dont la flêche coule,
D'vn pas égal au temps qui roule,
Qui nous guerroye tout moment,
Toute heure, tout mois, toute année,
La naiſſance & le monument,
Sont aux hommes même iournée.

La vie eſt vne mort feconde,
La mort vne vie ſeconde,
Le monde eſt ſemé de langueur,
Et toutefois d'vn feint viſage,
A maint faiĉt boire le breuuage,
Peſte de l'ame, & doux au cœur.

L'homme qui voit sa tromperie,
Poussé de rage & de manie,
Le cherche & le suit pas a pas,
Le fol sans ame & sans prudence,
Court furieux dans le trepas,
Et ne luy chaut sa deceuance.

Heureux des sainEts le petit nombre,
Qui preuoit ce funestre encombre,
Et fuit le doux enchantement
D'vne gent maligne, & peruerse,
Qui dans le monde ne conuerse,
Et n'y loge son pensement.

Cy bas, la fortune mondaine,
Vogue, en maint plaisir incertaine,
Le monde, & sa beauté perit,
Humain, pren garde a ses embúches,
Car si gracieux il te rit,
Soudain dans ses lacs tu trebúches.

Dreſſant au Ciel sa priere et ſa veuë,
Son oraiſon eſt de Dieu entenduë.

Juſtus es Domine; et omnia iudicia
tua vera ſunt. Job. 3.

DE LA FELICITE QVE
DIEV PREPARE A CEVX
qui l'aiment.

VIE heureuſe, admirable retraicte,
Que le Seigneur, promet a ſes enfans,
Enfans heureux, dont la courſe eſt
parfaicte,
Et qui cernés de lauriers triomphans,
Seans au pié de ſon trône d'yuoire,
Chantent le los au Dieu donne-victoire.

Vie ſans peine, honneſte, chaſte, belle,
Loin de la mort, & bien loin du ſoucy,
Pleine de grace, abondante, eternelle,
Veſue de maux, qui nous rongent icy,
Qui ſe maintient de ſa propre ſubſtance,
Sans changement, trouble, ny meſſiance.

Toute beauté, toute grandeur abonde,
En la cité, du Tout-puiſſant le fort,
Ou l'ennemy des hommes, & du monde,
N'oſe approcher ſon redoutable effort,
Ou le forçait empoiſonneur n'allume,
A toujour-mais ſa mielleuſe amertume,

En ces hauts lieux, le bourgeois vit sans crainéte,
L'amour parfaiét, & le flambeau diuin,
Qui r'allumant sa flâme viue & sainéte,
Iamais n'arriue a la derniere fin
Dieu, vray amour, que l'on voit face, a face,
Et qui les paist des raions de sa grace,

Ie veux mon œil, approcher de ta flâme,
Porter ma voix, au chant de ta grandeur,
Plus ie contemple, & plus ie sens mon ame,
Prise d'amour, brûler en ton ardeur,
Ie meurs en toy, ie me perds en ta gloire,
Et si ie vis ce n'est qu'en ta memoire.

Sus donc mon cœur, fais auancer ta veuë,
Iusques au trône, ou Dieu, sur tous les Dieux,
Presse du pied le Soleil, & la nuë,
Et toy, mon ame, aisle ton vol aux cieux,
Tes mouuemens, tes eslans, & ses poinétes,
A l'eternel soient conformes, & ioinétes.

Pour toy, ma bouche, & pour toy mes oreilles,
Pour toy ma plume, & mes yeux, & mes mains,
I'annonceray tes étranges merueilles,
Au monde neuf, inconnu des humains,
Ton los, Seigneur, par tout ie feray bruire,
Ou le Soleil, a puissance de luire.

O douce manne, aliment de nos ames,
O doux nectar, breuuage des heureux,
Douce liqueur, amortissant les flâmes,
Qui vont bruslant nos âges langoureux,
A mes douleurs vne treue pourchasse,
De reposer en ton sein, fay moy grace.

Des saincts Cayers ie furete la prée,
Riche d'odeur de l'Arabe étranger,
Ici le lys, cy la rose pourprée
Des documens, ie pille sans danger,
De fleur en fleur que l'escriture donne,
Ie vay succant le miel, que ie moissonne,

Puis en secret, ma viande rumine,
Et digerant cét amoureux repas,
Ie me sen pris, d'vne flâme diuine,
Le souuenir m'arrache du trépas,
Me faict calmer au milieu du naufrage,
Et me rend seur, au plus fort de l'orage.

O regne heureux, o trois fois sainct empire,
Ou du trépas, la puissance ne bat,
Qui de la dent du vieil âge n'empire.
Que le destin, de ses forces n'abbat,
Ou le faucheur de la race mortelle,
N'a mis sa faux, & n'a porté son aisle.

Vn iour sans nuit, ou des iustes la bande,
Chante les faicts du puissant Roy des Rois,
Ou les Martirs, & la couronne grande
Des Anges saincts font resonner les voix,
Honneur au Dieu de la voûte eternelle,
Gloire au tres-haut, & louange immortelle.

Pardonne moy, ton bras armé desarme,
Dans le sepulcre emmaillote mon corps,
Que le mondain, iamais plus ne m'allarme,
Hoste nouueau du royaume des morts,
Apres la mort, ie sçay que ie dois viure,
Dedans les cieux, de tout mal heur deliure,

C'est le guerdon, que le Dieu de victoire,
Promet fidele, a ses atletes chers,
Sa propre main, les couronne de gloire,
Et sur l'azur des celestes planchers,
Les faict bondir, parmy le chœur des Anges,
Et des Esprits les heureuses phalanges.

L'œil du Seigneur, qui me forma de terre,
C'est de mon cœur, sans fin le clair flambeau,
Dedans son fort, bien loin de toute guerre,
Loin du trepas, de biére, & du tombeau,
Ie viuray seur, & ma substance pure,
Consistera, franche de pourriture.

S.t Pierre parlant a nostre seigneur
Diligam te domine fortitudo mea.
Pf. 17.

DE LA BEATITVDE DE L'AME QVI SORT DES miseres du monde.

HEVREVX l'esprit, qui seurement
Passe du iour, au monument,
Et dans les cieux son aisle auance,
Franc d'ennemis, libre d'effort,
Du traict choleré de la mort,
Vit sans ennuits, loin de souffrance.

Dieu, qui voit la fidelité,
De l'ame pure, & sa beauté,
Ses iugemens, & ses droictures,
De sa presence l'eiouit,
D'vn œil sans-fin la réiouit,
Parmy les sainctes Creatures.

LES ROSES DE

Le temps, moiſſonne de ſa faux,
Les hommes, qui luy ſont égaux,
Le Prince, autant que le maneuure,
Mais elle en toute eternité,
Dure autant que la maieſté
De l'ouurier, qui a faict cét œuure.

Les Dames, les Roynes encor,
Riches de maints aſſiquets d'or,
Iouſ-la voir, leur trône abandonnent,
Les chaſtes filles de Syon,
Belles de grace, & d'action,
Cét hymne, pour ſa gloire entonnent.

Qui eſt celle qui vient trauers
Le roc pierreux des froids deſers,
De mille muſques parfumée,
Qui bras a bras tient ſon eſpoux,
Suce le miel d'vn baiſer doux,
Aux lys de ſa bouche bâmée?

Qui eſt celle dont l'œil brillant,
S'égale au iour eſtincelant,
En la naiſſance de l'Aurore,
Plus belle, que n'eſt au réueil,
La perruque du blond ſoleil,
Quand ſerein le monde il redore?

Plus blanche, que le front naiſſant
De la Lune, qui va croiſſant,
Plus graue, qu'vne forte armée,
Qui réduite en maints bataillons,
Heriſſant le dos des ſillons,
Faiɛt gemir la pleine allarmée.

Voiés ſon port, ſon cœur ioyeux,
Son front vermeil, & ſes beaux yeux,
Comme elle bondit d'allegreſſe,
Hâte le pas, ton bien-aymé
De viue flâmes animé,
Te cherche, & te huche ſans ceſſe.

Sus, ma mignonne, leués vous,
Auancés vous mon bâme doux,
Chere motié, ma colombelle,
L'hyuer ne vieillit plus nos champs,
La neige, & les glaçons tranchans,
Donnent place a la ſaiſon belle.

Le printemps marqueté de fleu rs
Le pré bigarré de couleurs,
Les airs battus d'vn doux Zephire,
Raieuniſſent cét an nouueau,
L'allegreſſe en ce renouueau,
Eſtablit par tout ſon empire.

LES ROSES DE

Sus, que l'on quitte la maison,
Car maintenant c'est la saison,
Qu'il faut tailler la vigne tendre,
Les oyseaux citadins des bois,
Et des tourtres la triste vois,
A nous déia se faict entendre.

Déia les vignes sont en fleur,
Et le figuier a demy-meur,
Grossit de laict sa figue pleine,
Leue toy, redouble tes pas,
Mignarde, en gracieux appas,
Ta grace, & ta beauté sereine.

Approche, vien dans ce rocher,
Qui sert de lambris, & plancher
Au creux de ces vieilles masûres,
Ou nature d'vn art, sans art,
Asseura d'vn double rempart,
Ses murailles, & ses clôtures.

Vien ma belle, mon cher soucy,
Haste le pas, & vien icy,
Tirer mon cœur par les oreilles,
Car ta voix, grand aise me faict,
Ton visage est beau, & parfaict,
Ta face pleine de merueilles.

Monstre moy, ces monts iumelets,
Ces lys, ces respirans œillets,
Ces roses fraîches de ta bouche,
Ce front d'argent, ce teint vermeil,
Ces yeux, qui font honte au Soleil,
Et rendent la lumiere louche.

   Car ie veux, ma chere moitié,
Pour arres de mon amitié,
Loger en tes beaux yeux ma fláme,
Plus haut que mes Anges aîlés,
Dedans les cercles estoillés,
Veritable entrôner ton ame.

   Apres tant de fâcheux trauaux,
De langueurs, & de cuisans maux,
D'orage, de soin, de martyre,
Vien ma belle, vien mon amour,
Ou mes éleus font leurs seiour,
Posseder sans fin mon empire.

L'aueugle né Iean: 9.

Illumina oculos meos ne vnquam
obdormiam in morte. pfal: 12.

PRIERE AVX SAINCTS
POVR OBTENIR LEVR SE-
cours en noz afflictions.

OSTES des cieux, bande guerriere,
Qui dépit la rage meurtriere
Des fiers demons & de la chair,
Aués poussé vôtre carriere,
Ou l'œil humain n'ose approcher.

Au monde, vôtre course est faicte,
Vous aués sonné la retraicte,
Sur le lambris du firmament,
Ou la bonté toute parfaicte,
Vous a retiré seurement.

Par vôtre amour, ie vous coniure,
Que franc d'ennuis, vous ayés cure
Du mal, qui nous presse inhumain,
Voyés, que nôtre peine est dure,
Et que mal'heureux est l'humain.

Esprits, ie vous coniure encore,
Par le Dieu, que vôtre œil adore,
Qui vous a tiré de prison,
Et qui gracieux vous honore,
De sa grace, & de sa maison.

Ayés des humains souuenance
Qu'vn flot diuers pousse, & balance,
Par les vagues au front de mort,
Qu'vne tempête horrible auance
Dans le trépas, & loin du port.

Vous portes du sainct edifice,
Qui leués vôtre frontispice
Sur le bal des globes diuers,
Vôtre baze est le paué lice,
Qui voûte ce grand vniuers,

Secours au mal qui nous oppresse,
Donnés a nos dextres l'adresse,
Et la force pour triompher,
Tirés nous de la dure presse,
Du peché menaçant d'enfer.

Ioignes encor vôtre priere,
Pour nous arracher de misere,
De soin. d'ennuis, & de trauaux,
Faictes nous tomber en la biere,
De vôtre gloire corriuaux.

L'AMOVR CELESTE.

Qu'est ce l'homme, sinon vne ombre,
Vn arsenac de tout encombre,
Vn gourmand, vn banqueroutier
Qui gorgé de vices sans nombre,
N'a l'ame ny le cœur entier?

Et toutefois vn Dieu professe,
Dont la prouidante sagesse,
Conduict son nauire agité,
Et tient le mât, qui souuent baisse,
De maint orage tourmenté.

O monde fâcheuse demeure,
Où le iuste & méchant demeure,
Où le dragon toûiours errant,
Cherche en tous lieux & en toute heure,
L'homme qu'il aille deuorant.

Charybde, & l'abboyante Scylle,
Guette l'ame au peché fragile,
L'accroche & la faict naufrager,
Par tout elle a son domicile,
Et le monde n'est qu'vn danger.

Priés pour nous o sainctes bandes,
Vous Anges qui tenés les landes
Des hauts climats, vous regimens,
Et vous toutes les troupes grandes,
Qui faictes ses commandemens.

ôtre voix est ia touchée
gneur l'oreille panchée,
e vos requêtes il a soin,
r nous sa clemence est laschée,
r nous qui en auons besoin.

Libres du sort, & de fortune,
Eschappés du mondain Neptune,
Nous salûrons le port heureux,
Ou des esleus l'ame n'est qu'vne,
Viuante sans fin dans les cieux,

La Magdelaine aux pieds de nře Seignen.

Adhæsit anima mea post te. Psal. 62.

ES DESIRS DE L'AME
POVR LA SAINCTE CITE
de Ieruſalem.

AINCTE Ieruſalem, eſpouſe du
Seigneur,
De qui les doux flambeaus me conſõ-
ment d'ardeur,
Alterent mes poulmons, & d'vne
ardante flâme,
Font embraſer mon cœur, & petiller mon ame.

Belle de qui les yeux eſtincelent de pair
A l'œil qui faiſt du iour les cheuaux galloper,
Ton front eſt vne table, ou d'yuoire, ou de glace,
Ta bouche eſt vn coral, ſans ſouilleure ta face.

Princeſſe éiouy toy le Monarque de Rois,
Qui rend le Prince humain tributaire a ſes lois,
Eſpris des traiſts diuins de ta beauté parfaiſte,
Veut que tu ſois a luy, & luy ſoit ta retraiſte.

Mais qui eſt-ce Seigneur ? c'eſt le fils bien-aymé,
Mignon cheri du Ciel, plus que l'ambre bâmé,
Plus negeux que le lys, plus vermeil que la roſe,
Apres l'aube du iour nouuellement écloſe.

Son port maieſtueux, & ſa taille paroit,
Par deſſus les humains, ainſy qu'vn pommier droit,
En ſon enfance creü dans les baſſes bruyeres,
Qu'il dedaigne croûlant ſes hautaines crinieres.

Cher amy, ie me meurs allons prendre le frais
Parmy ces ſaules verds, ou dans ce bois eſpais,
L'ambre gris, & le muſc heureuſe ie moiſſonne,
Sur ta bouche de roſe, & ta leure beſſonne.

Mon eſpoux a coulé par la fente de l'huis
Ses doigts, & pour me voir ent'rouuert le chaſſis,
Seulette en mon grabat, i'eſtois enſommeillée,
Sa dextre m'a ſoudain en ſurſaut eſueillée.

La nuict d'vn habit brun, & d'vn front inde-obſcur
Ayant noircy la terre, & les voutes d'azur,
Tout repoſe coyment, moy ſans ceſſe ie vire
Au fort de mon ſommeil, apres luy ie ſoûpire.

Ah ! ie te tien fuyard, iamais d'vn pié leger
Tu ne pourras de moy tes beautés étranger,
Ie te tien, mon amy, maintenant ie t'aſſeure,
De prendre pour toûiours auec toy ma demeure.

LES ROSES DE

Ie voudrois, mon espoux estre ton cher enfant,
Toy ma mere & nourrice, au sein de laict bouffant,
Et de Nectar celeste, en ces chastes mammelles,
Sans fin ie sucerois les douceurs eternelles.

Heureuse mille fois l'ame, qui dans les cieux
Immortelle verra le flambeau de tes yeux,
Tes porches & tes murs, tes portes & tes ruës,
Et les bourgeois qui font du pié marcher les nuës.

La gloire du Tres-haut qui seul gouuerne tout,
Qui voit de l'vniuers & l'vn & l'autre bout,
Et qui faict, quand il veut, du vent de ses paroles
Mouuoir les gonds du ciel, & trembler les deux poles.

L'enceinte de Syon est d'vn fort diamant,
La baze d'vn carreau, marbre son fondèment,
Son front luit marqueté de Iaspe & de Porphyre,
Le frontispice beau, d'vn azurin Saphire.

Le paué d'vn or fin, le porticque d'émail,
Les colomnes d'argent, de perles le portail,
Les regimens heureux sa forteresse bordent,
Iamais les vicieux en ces hauts lieux n'abordent.

Douce Ierusalem, que de rare beauté,
Que d'attraits, que d'appas luisent en ta cité,
Que de maux importuns, d'ennuis, de morts ameres,
Amertument nos iours, en ce val de miseres.

Dans tes murs, on n'a veu le sombre accoûtrement
De la nuit, ni des temps le diuers changement,
Ni de Phebé le char, aux noires attelûres,
Ni les clous flamboians, aux celestes voutûres.

Mais le grand Dieu de Dieu, & le Soleil clement,
De gloire, & de iustice vne torche allumant,
Vn Agneau pur, & munde, vne viue lumiere,
Qui sans principe luit, & sans source premiere.

Ton Soleil n'a ses rais d'vn plus grand emprunté,
C'est vn Soleil de vie, œil de toute bonte,
Vn Monarque seant, au milieu de ta gloire,
Cerné des chœurs diuins, qui chantent ta memoire.

Les Cherubins ardans, & les scadrons âilés
Des Anges, habitans les voutis étoillés,
Les Augures certains, & les sages Prophetes,
Des Arréts souuerains, prouides interpretes,

Les herauts du Seigneur, les douze truchemans,
Qui par tout, ont presché ses loix, & mandemens,
Les triomphans Martirs, qui sans armes, sans mailles,
Ont combattú le fer, les feux, & les tenailles.

Les deuots Confesseurs, les bons Religieux,
Qui sequestrés du monde, ont cherché soucieux,
Le ciel des les desers, les matrônes pudiques,
Qui chastes ont vaincú les flames impudiques.

Les vierges, les enfans, dont la blanche saiſon,
N'a receu le venin, d'vn inſecte poiſon,
Donnent a l'immortel, immortelles loüanges,
Et chantent de ſes faicts, les puiſſances étranges.

Chacun ſiege en ſon lieu le Dieu iuſtement doux,
Communique ſon œil, également a tous,
Mais ſa gloire n'eſt pas a toute ame commune,
L'vne plus, l'autre moins, mais ſans terme chacune.

Dieu, qui eſt bon en tout, allume tes eſprits
D'ardante charité, eux de ſes feux épris,
D'vn concert eternel, font retentir les voûtes,
Ou le poſte du iour, chaque iour tient ſes roûtes.

Sans peine, ſans trauail beniſſent du tres-haut
Le venerable nom, en leurs bouches ne faut
Le los du tout-puiſſant, qui d'vne vile maſſe
Fit l'air, les cieux, la terre, & de Neptun la glace.

O mille fois heureux, ſi i'auois trauerſé
La barque d'Acheron, & dans le ciel paſſé,
Parmy les bataillons de la celeſte armée,
Ie pouſſois les accens de ma voix animée!

Heureux, & trop heureux de ſeruir a mon Roy,
De qui ſiefue mon cœur, & releue ma foy,
Heureux, & trop heureux, de contempler ſans ceſſe
Le Dieu, iuſte, puiſſant, & fidele en promeſſe.

Mon

Mon pere sainct, dit-il, ie veux que le soldat
Qui me vient de ta main, pour me suiure au combat,
Iouisse triomphant, de la clarté feconde,
Dont tu me fis present, auant l'estre du monde.

Celuy qui met son cœur fidele a me seruir,
Qu'il m'approche soudain, & n'arrête a venir
En tous lieux, ou sera ma place, & ma demeure,
Ie veux que mon seruant y reside, & demeure.

Celuy qui de mon nom honore la grandeur,
Qui porte de ma loy les tables en son cœur,
Mon Pere le cherit, moy d'vne amour extréme,
Ie luy découuriray ma puissance supréme.

DE LA GLOIRE DE
Paradis.

RESSE de maints trauaux, en l'obs-
cure maison,
Qui dans les rets de chair, tient ma
serue raison,
Poussé, tourne-viré, oragé de tour-
mente,
Ie cherche de sortir, & franc de ma prison,
Ester au iugement du iuste Rhadamante.

Proscript en ces bas lieux, miserable ie suis,
Le tableau de douleur, le subiect des ennuis,
Si ie vay contemplant, de ta douceur immense
La gloire, & la grandeur, tous iours, & toutes nuits,
Ie regrette ma perte, & maudi mon offence.

O toy, fleuue des Cieux, fontaine, dont les eaux,
Epandent leur clemence en milliers de ruisseaux,
Baigne dans le profond de ta source azurée,
Mon cœur mine de soif, étouffe ses flambeaux,
Et le feu deuorant de mon ame alterée.

LES ROSES DE

Vne saincte vnion, vne eternelle paix,
Parmy les citadins, hostes des hauts palais,
Dont le superbe front, & large frontispice,
Brille de diamans, d'vn or fin sont les aix,
Qui voutent le lambris, de ce bel edifice.

Les salles sont d'Agathe & le creux fondement,
Qui porte sur son dos ce riche bastiment,
Du matineux Phoebus les larmes empierrées,
Comme le verre vni de l'ondeux element,
Le paué de l'hostel est de lames dorees.

On ne voit en ses champs, l'hyuer aux froids glaçons,
Perruqué de frimets, craquetant de frissons,
Herissé de froidure, enfarinné de laine,
Ny l'auant-chien, qui fait creuasser les sillons,
Et brûler de ses rais les boyaux de la plaine.

Vn printemps gracieux étalle incessamment
Son habit riolé, bordé d'vn passement
Iaune, pers, & vert gay, l'incarnat de la rose,
Teint du sang de Venus, & d'Adon son amant,
Et du Gyrofle doux, la iaune fleur éclose.

La candeur du lys blant, de Narcisse les pleurs,
Les prés tousiours rians, les nuances des fleurs,
Les Zephirs halenans & le musc, & le bâme,
Cerès aux espis blonds, Bacchus aux raisins meurs,
Honorent immortels, ce beau verger de l'ame.

Les fleuues ruisselans de murmurante vois,
Pour ondes le nectar, les perles pour granois,
Serpentent mille cours, & font mille tranchées,
Les fleurs auec les fruicts pendillent en leur bois,
Et les pommes sans cesse, aux pommiers attachées.

Phebé au front cornu blanc, rouge, palissant,
N'altere les saisons, croissant, ou decroissant,
L'œil qui poste sans fin d'azur la voute belle,
Qui va d'vn coche d'or sur le monde glissant,
Ne paût ses rayons de pluye, ou de nyelle.

L'Agneau pur, & sans tare, allume ses beaux feux,
Dans les murs tournoians de ces palais heureux,
Feux iamais deualés en la mer Atlantide,
Le temps n'y regne point, ny le sourcil affreux
De la Lune, épanchant sur nous son voile humide.

La beauté des esleus, ainsy que le flambeau
Du fils d'Hyperion, qui renaist du tombeau
De la perse Thetis, triomphans en la gloire
Du vainqueur des vainqueurs, couronnés du rameau
Qui marque sur leur front l'honneur de la victoire,

Ils racontent leur cours, & regardent cy bas,
Quantesfois ils ont faict mille sanglants combas,
Deschargés des haillons de l'humaine nature,
Loin des allechemens, & mensongers appas,
Du monde & de la chair, sont francs de pourriture.

Du corps & de l'esprit vne est la volonté,
L'esprit en son principe aux astres remonté,
Libre de changement, est en paix immortelle,
Il admire present le Dieu de verité,
Le puits de viues eaux, & la source eternelle.

Cête source de vie animant de nouueau,
Le corps, qui ia passé des manes le bateau,
N'estoit au monument qu'vne vile carcasse,
Le rend sain, transpirant, ioyeux, lucide, beau,
En qui d'vn triste cours le vieil âge ne passe,

Immortel est son estre, vne même vigueur,
Tient en toute saison même force en son cœur,
Ses ans ne coulent plus, car des ombres la Royne,
A l'immortalité cede les droicts d'honneur,
Et n'estent sur les cieux, son pouuoir & domaine.

Il connoît le Seigneur qui toute chose a faict,
Penétre dans le cœur, le dessein, & l'effét,
Voit de ses freres saincts, au fond de la poitrine,
Car leur vouloir est vn, en vnité parfait,
Lié du fort ciment de la bonté diuine,

Chacun diuersement á le chef couronné,
Et selon le trauail le salaire est donné,
Toutefois cêt amour le la grandeur immense,
Qui de l'eternité seulement est borné,
Les rend égaux de cœur, d'ame, & de bienueillance.

Ou ces corps sont heureux, on voit la maints aiglons
Ramer du Paradis les empyrés sillons,
Voleter a l'entour les ames honorées,
Des Mercures diuins, parmy les bataillons
Des esleus du Seigneur, & ses bandes heurées.

Les habitans des cieux mangent vn même pain,
Repeue selon leur cœur sans excés, & sans faim,
Cête manne celeste a manger les conuie,
Et boire le Nectar, dont l'auteur de l'humain,
En l'empire estoillé les ames rassasie.

Vn doux concert de voix, vn chant harmonieux,
Donne gloire eternelle au Dieu victorieux,
Ils font du clauessin parler la touche double,
Des regales encor le son melodieux,
Et sur le courbe lut, sa loüange redouble.

Heureuse ame, qui voit l'architecte & l'ouurier,
Qui sans commencement, & sans estre premier,
Fit ce tout de neant, qui sur-marche la lune,
Les planétes, les cieux, le flambeau iournalier,
Et les feux guide-humains, aux vagues de Neptune.

Iesus mon Redempteur, qui ceins de lauriers vers,
Les soldats, qui pour toy dans l'areine couuers,
Combattent vaillamment, fay moy, Dieu de victoire,
Affranchi des prisons de ce bas vniuers,
Loger parmy les chœurs qui viuent en ta gloire.

Voy le mal qui me presse, escoute ma langueur,
Enten ma triste voix, esprouue mon ardeur,
Et si tu prens pitié de ma longue souffrance,
Pour loyer de ma pêyne, esclaire dans mon cœur,
Et me donne sans fin, iouïr de ta presence.

S.Anne adorant au temple.

Seruiamus tibi in sanctitate et Justitia
Luc. 2.

CONTINVELLE LOVANGE
DE L'AME ELEVEE EN LA
contemplation de la
diuinité.

***

R sus, beny ton Dieu, mon ame, & ma pensée,
A l'entour de ton cœur soit ta force placée,
Pour benir de son Nom l'ineffable grandeur,
Et sans cesse chanter les bienfais du Seigneur,
Benissés vôtre Dieu, vous toutes ses factures,
Bourgeoises de ces lieux, humaines creatures.

Donnons gloire au Tres-haut, que les esprits aislés,
Vont toûiours benissant aux palais estoillés,
Des Anges adoré, crainct de toute puissance,
Les Cherubins voilés tremblent en sa presence,
De qui les Seraphins chantent incessamment,
Honneur au trois fois sainct, ouurier du firmament.

Vnissons nôtre voix aux doux accens des Anges,
Selon nôtre pouuoir annonçons les loüanges,
Du Dieu, qui nous crea pour vne mème fin,
L'obiect de ta bonté, & de ton œil diuin,
Present non en miroir, mais a eux face a face,
Les oblige sans fin a publier ta grace.

Quel humain peut comprendre, & sage penetrer,
Les Archiues du ciel & dans l'azur entrer,
Pour nombrer des esleus les regimens sans-nombre,
Alégres sans accroit, & ioyeux sans encombre?
Quel le contentement de ces esprits heurés,
Toûiours en mème point de liesse asseurés?

L'aspect du Tout-puissant les esiatiit sans cesse,
Leur amitié diuine est vefue de tristesse,
Leur desir est l'effect de leur contentement,
Qui parfaict leur vouloir sans mécontentement,
Adherans au bon-heur souuerain, & suprème,
Ils sont faicts bien-heureux ioincts a la bonté mème.

Mais qui pourroit songer que ces esprits parfaicts,
Vnis a la lumiere, ils sont lumiere faicts,
Et comment attachés au mystere admirable
De la Trinité saincte, indicible, immuable,
Sont d'vn change soudain mis en eternité,
Ou s'il conuient mieux dire, immutabilité?

Qui est cil d'entre nous, qui sage peut connoître,
Des Anges la grandeur, & la puissance, & l'estre?
Nous hommes abrutis, qui ne cognoissons pas,
L'ame qui nous faict viure, & nous meine au trépas,
Ame dont la nature, est a l'humain cachée,
Quoy qu'icy bas au corps elle soit attachée,

Celle qui meut nos sens, anime nôtre chair,
Ne peut du Dieu tres-haut, ses desirs approcher,
Celle qui magnanime, & forte aux cieux s'élance,
Recherchant les secrets de la diuine essence,
Qui faict maints beaux proiets, & mainte inuention,
Quelle conduit artiste, en la perfection.

Celle qui les effets de nature profonde,
Et les traicts merueilleux dont prodigue elle abonde,
Soymême ne connoît, & foible ne peut pas
Son estre mesurer de son propre compas,
Les doctes opinants de sa source diuine,
Ont creu diuersement, son estre, & origine.

Donc l'ame est vn esprit pur intellectuel
Formé du Createur, non finy, non mortel,
Intouchable, sacré, qui nôtre corps anime,
Or pousse d'alegresse, or du soin qui le lime,
Corps que l'on voit souffrir autant de changemens,
Que l'ame faict en luy, de diuers mouuemens.

O merueille sans-pair ! nous parlons de l'essence,
Du Monarque des cieux, de qui tout prent naissance,
D'vn iugement humain nous voulons conceuoir,
Cêt incomprehensible en force, & en pouuoir,
Nôtre esprit toutefois qui sa grandeur mesure,
Des Anges ne comprent, ny de soy la nature.

Pour moy, ie ne veux plus a l'œuure m'arrêter,
Ie veux aîler ma foy, & dans les cieux monter,
Courir, & trauerser la celeste carriere,
Admirer du Seigneur la bonté, qui premiere
Du sepulcre du rien, fit nâitre ce grand rond,
Et le rendit pour nous, habitable, & fecond.

Il conuient, pour grimper a la voûte eternelle,
De degrés en degrés me baſtir vne eschelle,
I'entreray par le cœur, du cœur porté plus haut,
En l'esprit, puis en l'ame, & de l'ame au Tres-haut,
Qui d'vn air souuerain, sur ma teſte chemine,
Seigneurie les cieux, & ce grand tout domine,

Arriere loin de moy, ce que mon œil peut voir,
Et ce qu'en ces bas lieux mon ame peut sçauoir,
Car d'vn pur intellect porté de courſe iſnelle,
Esleué dans le sein de la gloire immortelle,
I'admire inceſſamment, l'architecte parfaict,
Qui les Anges, & nous, & toute choſe a faict.

Bien-heureux est celuy, qui delaissant le monde,
Crainéte de periller en sa fosse profonde,
Monte les grands rochers, & tient fermes les yeux,
Au soleil de iustice, ainsi que dans les cieux,
On voit pendre l'aiglon, qui de plumes nouuelles
Couuert, veut esprouuer de ses yeux les prunelles,

Rien de beau, rien de doux, que posseder son Dieu,
Le tenir en son ame, & le voir en tout lieu,
Regarder en esprit, le Seigneur inuisible,
Et d'étrange façon nous le rendre visible,
Faire aux appas du monde, en nos cœurs le tombeau,
Les consumans des rais d'vn celeste flambeau.

Du rougissant Phebus la flâme saffranée,
Des temps entre-suiuie, & de la nuit bornée,
Sur tous les animaux, & sur les hommes luit,
Cecy n'est point lumiere, ains vne sombre nuit,
Si tu mets en ton cœur, céte inuisible flâme,
Qui de l'eternité est la vigueur, & l'ame.

L. Merssens

QVE C'EST VOIR AVCV-NEMENT DIEV, ET LE COM-prendre, & quelle opinion il en faut auoir.

'HOMME qui vit en ce bas mõde,
Vestu des haillons de la chair,
De Dieu qui fit la voûte ronde,
Sa veuë ne peut approcher,
Car a nous l'essence immuable,
Des Anges l'astre, & le flambeau,
Touiours ardant, vray, admirable,
Ne paroît, qu'apres le tombeau,

C'est le loyer des sainctes bandes,
Qui passés maints combats diuers,
Triomphent dans les salles grandes,
Des Cieux, qui voutent l'vniuers,
Mais l'aymer d'vne ardente flâme,
Et cét obiect au cœur auoir,
C'est le posseder en son ame,
Le tenir, le prendre, & le voir.

Nôtre

Que nôtre voix se face entendre,
Sur les chœurs des Anges heureux,
Que nôtre esprit soit a comprendre
De Dieu les effects merueilleux,
Chacun d'vne bouche animée,
De l'Immortel, a qui mieux, mieux,
Chante la gloire, & renommée,
Et porte son los dans les cieux.

Faut il pas que la creature,
Donne louange au Createur,
Et qu'icy bas toute facture,
Honore sans fin son auteur?
Au triste desert ou nous sommes,
Le plasmateur nous a rangé,
Non qu'il ait affaire des hommes,
Pour de nous estre louangé.

Nôtre Dieu grand, et indicible,
Domine sur les puissans Rois,
Sa vertu incomprehensible,
Range le monde sous ses lois,
Vn Dieu tres-fort & redoutable,
Riche de toute eternité,
Dont la sagesse incomparable,
Gouuerne tout, par sa bonté,

Mon ame, qu'vn feu te consúme,
Des rais ardans de son amour,
Et toy, ma dextre, & toy ma plume,
Escri son los en chacun iour,
Et vous, mes leures, faictes bruire,
La grandeur de son Nom puissant,
Et ses bien-faicts par tout reluire,
Sa gloire au monde sur-haussant,

Mon ame en Dieu se rassasie,
Qu'elle admire sa Maiesté,
Soit sa viande, & son Ambrosie,
Mediter sa diuinité,
Repeu de ta manne celeste,
Ie clame des voix de mon cœur,
Et mets la force qui me reste,
Pour magnifier ta grandeur,

LES ROSES DE

PRIERE EXPRIMANT
PLVSIEVRS PROPRIETES
de nôtre Dieu.

ON *Dieu Tres-haut, en bonté nom-*
pareil,
Qui tout-mouuant foule au piés le
soleil,
Iuste sans-pair, abondãt en clemence,
Touiour present d'vne beauté im-
mense,
Ferme, secret. que nôtre œil ne peut voir,
L'ame penser ny l'esprit conceuoir.

Fort, inuisible, & qui voit toute chose,
Dedans le ciel, & ce bas monde close,
Sans changement, & qui peut changer tout,
Sans lieu, sans terme, immortel, & sans bout,
Inaccessible, infiny. ineffable,
De qui la gloire a nul est comparable,

Aucun ne peut ses secrets approcher,
Qui sans mouuoir, peut ce tout élocher,
L'esprit le cherche, & cy bas ne le treuue,
Pour le sçauoir toute science est neuue,
Qui redoutable, & iuste en iugement,
L'homme peruers punit seuerement.

Tout ce que voit la torche de l'aurore,
Qui vit ez cieux, le reuere, & l'adore,
Que les esseus ayment parfaictement,
Les reprouués craignent incessamment
Dieu, de qui l'estre, & l'essence infinie
N'a de principe, & n'est des temps finie.

Qui sans viellir, rend les superbes vieux,
Et dans leur fast, les priue d'ame & d'yeux,
Qui sans cesser en nous le bien opere,
Et se repose a la dextre du Pere,
Sans indigence, il amasse touiours,
Et les bienfaicts moissonne de nos iours.

Vn vray Atlas qui d'vne espaule forte,
Sans poix, ou faix cête machine porte,
Dont la grandeur, haut, & bas & milieu,
Par tout presente, & ne tient aucun lieu,
Toute facture a ses loix est rentiere,
Et prent de luy sa nourriture entiere.

Cherche sans-fin, & ne manque de rien,
Car il est Pere, & source de tout bien,
La Charité sa poitrine consúme,
Vn fol amour en ses os ne s'allume,
Vn Dieu ialoux, fort, terrible, puissant,
Mais cête ardeur n'opprime l'innocent.

L'homme ressent de sa dextre seuere
Les iustes coups, & n'a point de colere,
Il se repent, & iamais n'est en dueil
D'auoir prudent, mis en effet son vueil,
Si quelquefois sa vengeance il modere,
De son conseil les decrets il n'altere.

Non diseteux, touiours preste la main,
Pour receuoir, & butiner le gain,
Prent sans trouuer, & ne faict perte aucune,
Bien que le soin d'vne auare fortune,
N'aille son cœur de richesses paissant,
Il va sans-fin en vsure amassant.

A ton autel vn chacun vient appendre,
Pour t'obliger les vœux, qu'il te doit rendre,
Mais qui est cil qui redeuable a toy,
N'en tient vassal les biens, l'estre, & la loy?
Tu rens a tous & ne dois a personne.
Rien tu ne perds de ce que ta main donne.

Qui du neant fis germer l'vniuers,
Baler les cieux, gronder les sillons pers,
Animes seul, & fais viure le monde,
Present par tout, & tout, en tout abonde,
Que nôtre esprit, peut sentir, & toucher
Mais que nôtre œil n'a pouuoir d'approcher.

Qui se tient prés de l'homme sa facture,
Loin de l'esprit souillé de forfaicture,
Si pour vn temps en nos ames ne luit,
Sa Maiesté, propice elle nous suit,
Car sa clemence aux bons est touiours prête,
Et sa iustice aux méchans il apprête.

Tu fis sortir ce tout du monument,
Formas les corps chacun differemment,
L'Vn tu fis naître insensible, & sans vie
De la raison aux loix non asseruie,
L'estre & la vie aux vns tu fis auoir,
Non pour iuger, agir, ou conceuoir,

Tu fis les vns estre & viure sensibles,
Sans iugement des bons ou des nuisibles,
Les autres sont, viuent, meuuent, par toy,
Et de raison mâchent le frain pour loy,
Bien qu'immuable a toy même ressembles,
Tes faicts diuers diuersement assembles.

LES ROSES DE

Toy qui preſent fais demeure en tous lieux,
De qui la face eſt couuerte a nos yeux,
Pour te chercher les hommes ſont en quêtes,
Tu les attens & ferme les arretes,
Flattes leurs cœurs, leur preſentes la main,
Mais de te prendre ils ſe pénent en vain.

Dieu ſouuerain, de qui la dextre guide,
Les cieux, la terre, & le plancher humide,
Qui remplis tout, embraſſes ce grand tout,
Soutiens puiſſant des deux poles le bout,
Ta Maieſté toute choſe ſurpaſſe,
Pour te ſeruir, toute grandeur eſt baſſe.

Les ſoûtenant, tu ne courbes le dos,
Tu les remplis. & de rien n'es enclos,
Ce que ta dextre, & ſa puiſſance embraſſe,
Tu le maintiens, & remplis de ta grace,
Ce que ta force admirable ſoûtient,
Ta Maieſte le ſurmonte, & contient.

Qui tes enfans enſeignes ſans harangue,
Et ſans appas l'vne diſerte langue,
Dieu qui d'vn bout a l'autre extremité,
Portes les loix de ton eternité,
Dont la vertu toute choſe faict naître,
Reigle ce tout, & le conſerue en eſtre.

Bien qu'en tous lieux luise ta Maiesté,
Tu n'es en eux par contrainéte arreté,
Le porte-faux qui tout deuore, & mange,
Tes faiéts, ton estre, & ton vouloir ne change,
Dieu qui n'est poinét aux voûtes attaché,
En l'air, en terre, ou dans l'onde caché.

De qui le tronc, au milieu d'vne flâme,
N'est veu de l'œil, ny pensé de nôtre ame,
Demeure en soy, d'vn repos eternel,
Comprent le tout, infini, immortel,
Indiuisible, vn qui par tout reside,
Non en parcelle, ains tout, en tout preside.

Dieu tout és cieux, & tout en l'vniuers,
Aux sillons bleus, aux campaignes des airs,
Aux moindres parts de sa faéture abonde,
Dont la grandeur, honore ce grand monde,
Régle son cours, & gouuerne son train,
Qui tout possede, & de tout tient le frain.

Cil des viuans, qui d'vne doéte plume,
De l'vniuers, ne feroit qu'vn volume,
De qui le corps pourueu de mille mains,
Mille poûmons, & mille accens humains,
Ses iours des ans, des siecles ses années,
Et de la mort ses trêmes non-bornées.

En qui les cieux, verseroient les douceurs,
Du vieil Nestor, des Pegasides sœurs,
Mercure grand, sans-pair, en eloquence,
Ne comprendroit, de l'Infini l'essence,
Il n'est permis icy bas de ramer,
Dans les sillons de si profonde mer.

De ses proiects est l'enquête penible,
Et du Seigneur la science indicible,
L'homme ne peut ny peindre, ny sçauoir,
Ne pourpenser, l'effect de son pouuoir,
C'est le flambeau de la court Etherée,
Soleil vnic, d'eternelle durée.

Dieu souuerain, tout grand, sans quantité,
Dieu tout parfaict, tout bon, sans qualite,
Mais bon sur tout, voire la bonté même,
Tu es le seul, le parfaict, le suprême,
Dont le pouuoir, est touiours en effet,
Et le vouloir, autant que l'œuure fait,

Qui le premier, du meslange difforme,
Au monde neuf, donnas l'estre, & la forme,
Fis du berceau nâitre le firmament,
Et le formas de ton seul mouuement,
Possedes tout, car il est ton ouurage,
Et sans trauail, ou peine le soulage.

Rien dans l'azur de l'empire voûté,
Ny dans le flots de la perse cité,
Rien dans le rond de ce grand edifice,
Et rien encor dans le palais du vice,
Ne peut changer l'ordre des elemens,
Ou tant soit peu, brouiller leurs mouuemens.

Luy qui par tout, loge sans tenir place,
Qui non compris, toutes choses embrasse,
En tout present, sans changement de lieux,
Et sans mouuoir de son siege des cieux,
Qui n'est auteur du mal, qui nous opprime,
Et qui ne peut estre pollu du crime.

Toy, grand ouurier du monde vniuesel,
Qui le regis, & sage colomnel,
Aux elemens, & aux hommes assignes
Chacun le rang, selon qu'ils en sont dignes,
Iamais, iamais, tu n'as peu ressentir,
De l'auoir faict, vn triste repentir,

Que les sourcils des superbes montaignes,
Planent les creux des plus basses campaignes,
Que ce grand tout, soit ores vn desert,
Pour citoiens, de carcasses couuert,
Le changement n'émeut en ce desordre,
L'œil du Seigneur, & ne trouble son ordre!

La gent impie, & l'esprit attaché,
Des rets trompeurs de l'infame peché,
Aille bien loin faire sa residence,
Car du peruers il hait la deceuance,
Fuit les méchants, & iamais n'a porté,
Son vueil panchant au vice comploté.

Dieu non-menteur, verité eternelle,
Dont la bonté, nous a faict sans modelle,
Et sans outils d'vn argile poudreux,
Qui nous punit, par le traict rigoureux
De sa iustice, & de qui la clemence,
Par le trépas dans les cieux nous auance.

Sus loin de nous, peuple qui fais les dieux,
Selon ton cœur, & l'obiect de tes yeux,
Rien dans les airs, & rien dans les courtines,
Du ciel brillant de torches argentines,
Rien dans le fond de la basse rondeur,
Te soit pour Dieu, pour maître ou pour Seigneur.

C'est luy, qui est, ce qu'il est, & ne change,
Grands ses effects, & sa grandeur étrange,
Car nôtre Dieu est vn même touiours
De qui iamais ne failliront les iours,
C'est la creance, & la foy que i'ay prise,
Suçant le laict de ma mere l'Eglise.

L'AMOVR CELESTE.

Epouse saincte, ou le grand Dieu viuant,
Y a les fidels, en vn corps receuant,
De qui ie suis vne moindre parcelle,
Par la bonté de cil qui vit en elle,
D'vn clair flambeau, étincelle en mes sens,
Et me fay place, aux cieux resplendissans.

Dieu qui est vn, vray, sans corps, impassible,
Dont la substance, ou nature inuisible,
N'est composée, ou faicte en vn moment,
Inuiolable, & n'a de changement,
L'homme qui faict icy bas demeurance,
Ne vit iamais de Dieu la propre essence.

Quand le trépas fera d'vn long sommeil,
Dormir nos corps aux lames d'vn cercueil,
Que nos esprits, aux voûtes estoillées,
Auront repris leurs premieres volées,
Faicts compagnons des Anges bien-heureux,
En même lieu, nous le verrons comme eux.

Les regimens des celestes cohortes,
Les Anges saincts, & les puissances fortes,
Touts peuuent ils comprendre l'vnité
De ton mystere, o Saincte Trinité?
Non, non, ie crois o Monarque suprême,
Que tu peux seul, te connoitre toy même.

LES ROSES DE

DE L'VNITE DE L'ESSENCE,
ET PLVRALITE DES PER-
sonnes en Dieu.

* * *

OY Dieu Esprit viuant, trois per-
　sonnes en vn,
Sans mesure, & sans nombre,
De personnes distinct toutefois que ie
　nombre,
Duquel l'estre est commun,
Vous trois, vn seul vray Dieu, en amour, en puissance,
En force, en Maiesté, en grandeur, en essence,

Ie ne veux point sonder l'improfondable mer,
De toy source eternelle,
Qui sans principe as faict la plage vniuerselle,
Du sepulcre germer,
D'elle source le tout qu'en ce monde tu donnes,
Par elle sont encor toutes les choses bonnes.

LES ROSES DE

Deuant que le Chaos fortift de fon effroy,
Ton effence diuine
Eftoit ia fans matiere, auant toute origine,
Et non fans forme en foy,
Mais forme non formée, & qui donne vniforme,
Specieufe, tres-belle a chacun tout fa forme.

L'imprimés de ton feau, & reçoit ton obiect,
Par ce fainct caractere,
Qui de toy fon facteur, ne faict croiftre, ou n'altere
L'eftre ny le fubiect,
Mais ce qui eft vaffal, & meut de la nature,
Il releue de toy, car c'eft ta creature.

O vne Trinité, o Dieu trine-vnité,
Dont la toute-puiffance,
Poffede ce qui prent en la terre naiffance,
Et fur l'afur voûté,
Qui regit l'vniuers, & dont l'ame eft enclofe,
Au large fein du tout, & toute en toute chofe.

Dieu fe mêle par tout, & de nul eft compris,
Mais fon effence abonde,
Toute aux grands, aux petits, aux factures du monde,
Et toute en fon pourpris,
Voire tout eft en luy, car il n'eft en parcelle,
Ains tout en tout comprent la maffe vniuerfelle.

Ce Dieu

Ce Dieu de Maiesté, ce Prince souuerain,
L'air & la voûte ronde,
Le bizeard vniuers, & le cristal de l'onde,
Enferme dans sa main,
Factures de ses dois, ou fuyrés vous chetiues?
Geolier il vous tient en ses prisons captiues.

Nôtre Dieu par les pleurs, de iuste se rend doux,
En sa moindre cholere,
Mais las ! quand il est ceint, de foudre, qui l'esclére,
De flâme, de courroux,
Que sa main faict gronder l'ire de cent tempêtes,
Prêtes en vn moment, d'écarbouiller nos têtes,

Quel inconnu desert hydeusement affreux,
En son bois solitaire,
Quel cachot plein de nuit, des ombres le repaire,
Dedans son ventre creux,
Couurira le pecheur ? de Dieu la face irée,
Iuge l'ame en touts lieux, de crimes ylcerée.

Ou fuirai-ie Seigneur ? ou m'en pourrai-ie aller,
Bien loin de ta presence ?
Car ie voy ta vertu inaccessible, immense,
Par tout estinceler,
Elle est en nos esprits, & n'y est point incluse,
Arriere de nos cœurs, & n'en est point excluse.

M.

LES ROSES DE

Tu loges dans le tout, pour le tout contenir,
Et hors pour le comprendre,
L'vn monstre que tu fis ce monde d'vne cendre,
En especes vnir,
L'autre que tu regis du haut de ton empire,
Les diuers elemens, & tout ce qui respire.

Dans le centre du tout on te voit par effet,
Chés luy est ta demeure,
Car de rien sans moment, sans modele, sans heure
Cête machine as fait,
Ta puissance au dehors l'enuironne immortelle,
L'ouurage de tes dois est couuert de ton aîle.

Tu es en l'vniuers, & ne tiens aucuns lieus,
Mais ta Toute-puissance,
Se rend a tout presente, ou tout en la presence,
Du flambeau de tes yeus,
Secret de peu compris, mais ô pierre de touche,
Qui de maints beaux espris souuent le fil rebouche.

Ta nature indiuise, en sa vraye vnité
Ne souffre separées
Les personnes, qui sont en vn Dieu adorées,
Vn Dieu en Trinité,
Mais ie dis vnité en Trinité comprise,
Les personnes aussi, elle en soy ne diuise.

Ie les nombre souuent, & dresse mon penser,
Aux trois qu'en vn i'adore,
Vn Esprit, vn seul Dieu, & vne essence encore
Qu'on ne peut diuiser,
Car Dieu la Trinité, nous veut faire paroistre
Que ces noms sont rapports des qualités de l'estre.

Donc le Pere Eternel auant que le iour prit
Ses feux du feu suprême,
A son fils engendré de son essence même,
D'eux procede l'Esprit,
Ces termes exprimés denotent la substance,
La personne, la force, ou l'amour, ou l'essence.

Ce que Dieu on apelle également conuient
A chacune & a toutes,
Comme si ie disois vn Dieu qui fit les voûtes,
Les regit, les maintient,
Tout-puissant, eternel, qui dans ce tout reside,
Aux tonnerres, aux vents, aux deluges preside.

Ces noms que les bourgeois de ce bas element
Empruntent de nature,
Parlants du grand oourier de la ronde vouture,
I'açoit qu'improprement,
S'ils conuienent au Pere, en même conuenance,
Ils seront pour le Fils, & l'Esprit de clemence.

M 2

Ainſi le Pere eſt Dieu, Dieu eſt le Verbe ſainct,
Dieu eſt l'Eſprit celeſte,
Ils ne ſont point trois Dieux, c'eſte choſe manifeſte.
Mais vn Dieu de touts crainct,
Et le Pere, & le Verbe, & l'amour qui procede
Des deux, eſt vn ſeul Dieu, a qui ce grand tout cede.

O ſainčte Trinité, trois perſonnes, vn Dieu,
Tu es inſeparable,
La foy doit conceuoir ce myſtere admirable,
Sans quantité, ſans lieu,
Il ſemble qu'en ces mots ta grandeur ie meſure,
Tu demeures pourtant ſans nombre, & ſans meſure.

Trinité vn vray Dieu, des perſonnes ie crois
L'eſſence indiuiſible,
Que porter mon eſprit en l'vne eſt impoſſible,
Sans m'eleuer aux trois,
Car ſi l'œil de mon cœur, vers le Pere ie darde,
Penſant de luy, le Fils, & l'Eſprit ie regarde,

Si ie parle du Pere, auſſi toſt ie fay voir,
Du Pere la parole,
Si du Fils, dans le ciel d'vn même train ie vole,
Le Pere aperceuoir,
Si de l'Eſprit, ſoudain ie fay croire a mon ame,
Qu'il procede d'eux d'eux, & qu'il en eſt la flâme.

C'est icy ma science, o mon Dieu, c'est ma foy,
Et ma creance est celle
Qui parmy les fidels, regnant vniuerselle,
Est conforme a ta loy,
C'est elle que ie tien, c'est elle qui m'anime,
Que i'ay puisé du sein, de l'Eglise vnanime.

A LA SAINCTE TRINITE.

***

SCOVTE ma voix entonnée,
Par la foy que tu m'as donnée,
Pour me tirer du monument,
Exauce moy donc ie te prie,
Architecte du firmament,
Car vers toy mon ame s'escrie.

Foy, qui viande, & nourriture,
De l'ame iuste, entiere & pure,
Luy faict en esprit conceuoir,
Et la paît d'esperance en elle,
De posseder vn iour, & voir,
L'effect de son espoir fidelle,

Ma conscience te reclame,
Vn doux amour de foy m'enflame,
Par elle tu m'as arraché,
Du sepulcre de l'ignorance,
Et dans les voutes attaché,
En verité de sa creance.

Porté dans les vagues ameres
Du monde, agité de miseres,
De maux, de peines, & de mort,
Ta bonté grande me rend douces
Ces trauerses, & au plus fort,
Rompt leurs violentes secousses.

Trinité, mystere admirable,
Enten & me sois secourable,
Pour toy, ie consume d'amour,
Ma foy de ta grace animée,
Ouure de verité le iour,
Et dans l'Eglise est confirmée.

Trois personnes, Trinité vne,
Vn Dieu d'vne essence commune,
Panche ton oreille a mes plains,
Pere qui fis cette machine,
Iesus le Sauueur des humains,
Et toy des deux flame diuine.

Vn seul vray Dieu, qui signeurie,
Les cieux, & la gendarmerie
Sous les cercles de sa rondeur,
Consolateur, charité. grace,
Qui communique sa grandeur,
En tous les coins de cette masse.

Vray flambeau, de vraye lumiere,
Sans principe, fiame premiere,
Pere, Fils, & regenerant,
Fleuue sacré, source feconde
Qui vas les plaines bigarrant,
Des hauts palais, & du bas monde.

De l'eternel sont toutes choses,
Naissent par vn, en vn sont closes,
De Dieu le monde est façonné,
Par nôtre Dieu la terre est ferme,
Les cieux errans, en Dieu est né,
Ce tout, & tout en soy l'enferme.

Vie viuante, qui fis naître,
Le iour premier du premier estre,
Vie de nôtre Dieu viuant,
Amour de l'essence diuine,
Qui vas de tes rais auiuant
Le rocher de nôtre poitrine.

Le Pere en soy, & de soy même,
Du Pere est le Verbe suprême,
Des deux source l'Esprit diuin,
Le Pere est vn Dieu, veritable,
Verité le Sauueur benin,
Verité l'Esprit ineffable.

Vn seul Dieu, de grande puiſſance,
Trois perſonnes, mais vne eſſence,
Même vertu, même bonté,
En qui toutes choſes heurées,
Sont des auant l'eternité
Du iuſte bon-heur aſſeurées.

LES ROSES DE

QVE DIEV EST LA VRAYE
ET SOVVERAINE VIE.

RAND Dieu, source de nôtre vie,
Vnicque essence & infinie
En qui viuent heureusement,
Les factures de ce bas monde,
Les bourgeois de la voûte ronde,
Et ce que clôt le firmament.

Toute bonté prend origine,
De toy, o fontaine diuine,
Ce qui est de parfaict, & beau,
Aux creatures animées,
Et dans les torches enflammées,
Est vn raion de ton flambeau,

Dieu, dont la foy nous époinçonne
Au viure, que ta loy nous donne
Dans le ciel vn espoir fidel,
Respire nôtre seule attente,
La charité viue cimente
Nos cœurs, au Seigneur immortel.

Aux vagues du mondain Neptune,
Tu veux que mon ame importune,
En toy sans-fin ait son recours,
Qui te cherche, tu le confortes,
A cil qui heurte, ouures les portes,
Et ne refuses ton secours,

Eloigner le Dieu de iustice,
Est fondre dans vn precipice,
Se conuertir a sa bonté,
Nos ames du peché releue,
Le coeur qui ferme en luy s'éleue
Se bastit vne eternité.

Qui perd du Tout-puissant la grace,
Par les ombres vn chemin trace,
De mille piéges accroché,
Celuy le cherche qui l'escoute,
Mais l'esprit ses faueurs ne goute,
S'il est de crimes entaché.

La Maiesté de Dieu cognoître,
C'est vrayment viure, & vrayment estre,
Le seruir en ses mandemens
C'est tenir le frein d'vn empire,
Chanter sa gloire, & son los dire,
Ce sont parfaicts contentemens,

Du fond de ma chaste pensée,
Pour te benir ma voix poussée,
Te chante nôtre Dieu vainqueur,
De bouche & d'esprit ie t'adore,
Mais, o mon Dieu, ie veux encore
Te loüanger de tout mon cœur.

Ie te ren graces, o clemence
Pour moy pecheur, en grace immense,
Grand Dieu de qui le trône est ceint
D'amour, de force, de victoire,
Que touiours soit honneur & gloire,
A l'Inuincible, au trois-fois saint.

Trinité saincte, ie t'appelle,
Abbaisse ta gloire immortelle,
Brille les feux de ton ardeur,
Dedans mon sein, fais en mon ame,
Le chaste siége de ta flame,
Et le palais de ta grandeur.

Ie t'inuoque bonté suprême,
Par le Fils ton essence même,
Le Verbe par ta Maiesté,
L'Esprit qui des deux se r'enflame,
Par les deux aussi ie reclame,
Vn Dieu, vne diuinité.

Oste le vice qui me souille,
De faux desirs ma chair dépouille,
Arriere banni le forfaict,
Fay qu'en simplesse ie chemine,
Au milieu de mon cœur domine
Des vertus vn estat parfaict.

Dieu qui formas d'vne parole,
L'air, l'vniuers, l'onde, le pole,
Qui enuironnes ce grand tout,
Dedans luy par tout étinceles,
En haut le couures de tes aisles,
Et tiens des deux piuots le bout.

Pardonne a mon ingrate offence,
I'ay mis en toy mon esperance,
Sois dous, propice, & gracieux,
Les œuures de tes dois nous sommes,
Pécher est le propre des hommes,
Le pardonner, du Roy des cieux.

Sois donc a mes vœux fauorable,
Et me ser d'abry secourable,
Contre l'oppresse des méchans,
Etouffe la rage animée
Des malins, resous en fumée
Les traicts, qu'ils me vont décochans,

Dieu Souuerain, la sauue-garde
Des peuples, seurement il garde
Cil qui mét son espoir en luy,
Au point de touts mal'heurs succombe,
Et dans le precipice tombe,
L'homme priué de son appuy.

En l'Eternel, seul ie me fonde,
Puis qu'au monde ny sur le monde,
Il n'est autre Dieu tout-puissant,
Qui faict des merueilles sans-nombre,
Il peut changer le iour, en ombre,
En rocher le cristal glissant.

Adorons ce Dieu de merueilles,
Car a ses œuures nom-pareilles,
Nous deuons vn chant glorieux,
Des Anges les troupes isnelles,
Les puissances vniuerselles,
Chantent sa gloire, a qui mieux mieux,

Exaltés le vous Creatures,
Du même honneur que les factures,
Doiuent sans-fin au sainct ouurier,
Qui de neant les a faict naître,
Du même que le serf au maître,
Et le soldat au Roy guerrier.

Chacun

Chacun d'vne bouche animée,
Va celebrant ta renommée,
Nôtre Dieu, sainćte Trinité,
Et tout Esprit fidele, & iuste,
Benissant ta grandeur auguste,
Adore ton nom redouté,

Delectare in Domino: et dabit
Tibi petitiones cordis tui. Psal. 36.

LOVANGES DES ANGES
ET DES HOMMES.

ROYES esprits sur-humains qui dans
les cieux eleuent,
Le vol d'vne ame saincte, & du grãd
Dieu releuent,
Les bourgeois animès du solide ele-
ment,
Les Citadins encor des voûtes eternelles,
Des neuf ordres reglés, vn chacun regiment,
Adorent ta grandeur, & de voix immortelles,
Iustes font retentir ton los incessamment.

Du celeste lambris vne esquadre infinie,
Celebre d'vn accord, ta gloire non-finie,
Tes admirables faicts racontent sans cesser,
L'homme ton vif pourtraict, parcelle de ta flâme,
Ose a ta Maiesté des loüanges dresser,
Par cét amour diuin, qui consume mon ame,
Ie veux ta renommée aux peuples annoncer,

O Dieu mon protecteur, dont la main touiours forte
Est l'appuy de mes pas, ma force, & mon escorte,
Permets que dignement ie puisse buriner,

Dans l'erain eternel, tes pompes, & ta gloire,
Consacre mes chansons, fay par tout resonner
Toute heure, & tout moment, & me mets en memoire
L'adorable vertu que ie veux entonner.

Mais ie sçay, mon Seigneur, que diuin tu méprise,
Les louanges du cœur, que le vice maîtrise,
Ie suis le prisonnier, & forçat du peché,
Ie te coniure donc, o grand Dieu qui fais viure
L'esprit auec le corps de crime détaché,
Efface mon forfaict, de ces lacs me deliure,
Et que ie sois touiours a ton los attaché.

Reçoy, ie te supply de mon ame l'hommage,
Ie consacre ma bouche, & mon cœur, & mon age,
Pour chanter glorieux, ton immense grandeur,
Donne force a ma voix, anime mes arteres,
Embrase mes poûmons d'vne celeste ardeur,
Affin que sainctement ie conte tes mysteres,
De ces parfuns diuins te soit douce l'odeur.

Qu'vn heureux souuenir de ta bonté suprême,
Rauisse mon esprit, par vn amour extréme,
Et mes yeux pour te voir seulement soient ouuers,
Que du monde enfoncé, sur les astres ie passe,
De l'incertain au seur, au ciel de l'vniuers,
Et de l'œil de mon cœur, ta beauté ie compasse,
Ta gloire, tes vertus, tes iugements diuers.

O verité sans source, o charité parfaite,
O chere eternité, Dieu qui es ma retraite,
Mon espoir asseuré ie fonde en ta bonté,
Ie te cherche sans cesse, apres toy ie soûpire,
Le blanc de mon amour est ta diuinité,
Qui te voit, voit sans-fin de verité l'empire,
Et cil qui te connoît, conneît l'Eternité.

Toy saincte Verité, qui dans ce tout commandes,
Et sur les feux astrés des lumineuses landes,
Ta puissance, ton port, ton œil iustement dous,
Ta haute Maiesté, nous verrons face, a face,
Deliurés du peruers, qui se mocquant de nous,
Demande, ou est ton Dieu qui tes crimes efface?
Et ie dis en mon cœur, Seigneur ou estes vous?

Ie respire pantois, ie pren vn peu d'haleine,
l'épanche en toy mon ame, & d'vne bouche pleine
Des graces de mon Dieu, ie say diuersement
Redire a mes desseins, ses puissantes conquêtes,
Porté d'vn vœu pareil au gay chatouillement
Des hommes qui diuins chomment les iours de fêtes,
Ou qui dans les festins s'égayent sainctement.

Et toutefois mon ame est encor accablée
De dueil, & voit sans-fin sa peine redoublée,
Trébuchant dans le creux d'vn abîme profond
Ou plustost qu'elle soit, elle même vn abîme

De crimes, de pechés, mais abîme sans fond,
Ma foy l'enquête alors, celle dont tu m'anime,
Pour éclairer mes pieds en ce lieu sombre & long.

Pourquoy donc or mon cœur, vas tu de mille atteintes,
Frapper le ciel de cris ? & pourquoy tant de plaintes
Qui font perpetuer, ta misere & ton dueil ?
Arriere ces rigueurs. iamais plus ne m'affole,
Arrache moy ces nuits d'vn desastré sommeil,
Espere au Dieu viuant, car sa saincte parole
Est guide de mes pas, de mes yeux le soleil.

Espere en Dieu, mon ame, en Dieu mets ton attente,
C'est luy seul, qui te rend heureusement contente,
Poursui tes saincts desirs, ne crain les encombriers,
Attendant que la nuit des méchans la nourrice,
Desattelle le char de ses tristes courriers,
Et que le ciel vengeur appaise sa iustice,
Desarmant sa fureur pour nous ses heritiers.

Esclaues aux cachots, d'vne prison hideuse,
Nous trainons le cheuêtre, & dans la nuit affreuse,
Nous voions détremper les plus beaus de nos iours,
Nous sommes du peché les reliques impies,
Le mal'heur n'est encor au declin de son cours,
Bien tôt on verra poindre aux saincts monts Olimpies,
Le iour qui de la nuit chasse les bruns attours.

Espere en Dieu, mon ame, entre dans le sainct temple,
Ses merueilles sans pair, & sa gloire contemple,
Aussi tôt que Phebus iaunira l'horison,
De l'or de son réueil, admire sa clemence,
Approche ton salut, entre dans sa maison,
Voy son œil, le palais de force, & de puissance,
Adore sa grandeur, en crainěte, & oraison.

Ie te verray, grand Dieu, de mon salut la source,
Dieu qui nous viuifie, en cette basse course,
Par l'Esprit trois-fois sainct, ia ce diuin flambeau
Du'vne torche celeste, allum e dans nos ames,
Vn espoir de salut, nous oste le rideau,
De tenebres espais, & par ces viues flâmes
Pour nous donner au iour, nous tire du tombeau.

Dans les froides horreurs de la nuit solitaire,
Nous auons par trop mis autrefois le repaire
De nos esprits brunis de crime, & de forfaict,
Mais en toy, maintenant, nous sommes faicts lumiere,
Non pas que de tout point, cet œuure soit parfaict,
En foy gist seurement nôtre attente derniere,
Celuy n'a plus d'espoir, qui possede l'effect.

Les peuples immortels de tes sages Mercures,
Les puissantes vertus, n'ont besoin d'écritures,
Pour annoncer ta gloire, o saincte Trinité,
Sans temps, & sans moment, au miroir de ta face,

Ils voient tes secrets, & font ta volonté,
Connoissent sans memoire, & fermes en ta grace,
Font choix de ton amour, pour vne eternité.

Ce choix bruslant du feu d'vne flâme celeste,
De ton conseil priué, les arréts manifeste,
Aux Esprits, bien lisans en ce sacré cayer,
Ne se ferme iamais aux yeux des ames pures,
Leur registre est son œil, & ton front leur loyer,
Heureuses mille-fois du ciel les creatures,
Qui peuuent dignement en tes los s'égayer.

De leur contentement, sourcent les chants de gloire
Car en eternité tu leur fais voir & croire,
L'obiect qui doit fournir vne pleine moisson
De loüange, d'amour, de ioye, & d'alegresse:
Mais quel humain cy bas, captif en l'hameçon
De ce monde fuyard, qui dans ses rets nous presse,
Peut chanter a ta gloire vne digne chanson?

Nous loüons ta grandeur par foy, non de presence,
Les Anges non de foy, car l'œil est asseurance
Du secret, que la foy donne a croire aux humains,
De corps basti de nerfs, de veines, & d'arteres,
D'organe, de poûmon, & de cœur, & de mains,
Faict naître des subiects pour dire ses mysteres,
Autrement que ne font ces esprits sur-humains.

Soit que le peuple sainct, d'vne façon diuerse,
Aux bourgeois d'icy bas, a te benir s'exerce
Seigneur, tu es vn Dieu, qui fis ce tout de rien,
Et la terre, & le ciel, te faict vn sacrifice
De loüange sans cesse, au monde terrien,
Nous esperons de voir nôtre grand Dieu propice,
Et comme les heureux posseder meme bien.

Pendant qu'en ce mien corps, tu tiens l'ame collée,
Que ie vogue chetif en l'humaine vallée,
Agité du mal'heur qui me va tirassant,
Fais, o mon Dieu tres-doux, que ma langue professe
Ton redoutable Nom, sans-fin le benissant,
Que mon ame & mon cœur hautement te confesse,
Il n'est rien de pareil, au Seigneur tout-puissant.

En toy, mon Souuerain, trois personnes i'adore,
Mais vn Dieu seulement, vne substance encore,
Pere engendré de nul, de luy son cher enfant,
Auant le premiers bers de la nature humaine,
D'eux procede l'esprit, les fidels eschauffant,
Trinité, dont la gloire est sur les cieux hautaine,
Vn Dieu gouuerne-tout, de l'enfer triomphant.

Du tombeau du neant les hommes tu fis naître,
Du crime sepulcral tu les a faict renaître,
Par les excés diuins d'vne immense bonté:
Fay que nos cœurs plombés de tant d'ingrate offence,

Ne perdent les lauriers de ton eternité,
Augmente en nous la foy, asseure l'esperance,
Et nous fay consumer aux feux de charité.

Sur l'airain de mon cœur grave vne foy fidele,
Qui pousse dans le ciel les ardeurs de son zele,
Seigneur, que ta parole, & tes enseignemens,
Brident mes volontés, que toûiours ie chemine
Dans les statuts diuins, & dans tes iugemens,
Puis nous te benirons sur la voûte azurine,
Parmy les champs heureux de tes sainct regimens.

Gloire a nôtre grand Dieu qui nous forma d'argile,
Gloire au Fils qui vestit l'humanité fragile,
Pour oster le pecheur du seiour vicieux,
Gloire a l'Esprit diuin, qui nos cœurs viuifie,
Gloire a la Trinité indiuise en tous lieux,
Dont l'Empire puissant les changemens deffie,
Et sur l'Eternité triomphe glorieux.

Il est bien deu Seigneur, maint cantique a ta gloire,
Maint hymne a ta grãdeur, maint pseaume a ta memoire,
Soit ton nom redoutable a iamais reueré,
La gloire de ton los en tous lieux épanduë,
Méme apres l'vniuers en lambeaus dechiré,
Ta force, & ta vertu soit par tout entenduë,
Ton nom crainct de l'enfer, & des cieux adoré.

PLAINCTE DE L'HOMME

QVI N'EST ESMEV EN LA

contemplation de son Dieu, en
la presence duquel les
Anges tremblent.

ARDONNE moy Seigneur,
ardon, helas ! pardon, a ma folle
  ignorance,
ve me reiette point, ne m'impute l'offence,
De vouloir imprudent annoncer la
grandeur.
Et la gloire admirable,
De ton nom redoutable.

Esclaue du peché
I'ose me prosterner deuant ta sainste face,
Sans craindre, sans fremir, sans amour, & sans grace,
Sans que mon cœur de dueil penitent soit touché,
Ie veux benir encore
Le grand Dieu que i'adore,

Si les sainɛts messagers
De tes commandemens, ont la frayeur emprainɛte,
Au regard de ton œil, & n'adorent qu'en crainɛte,
Mais crainɛte, qui ne rend les plaisirs étrangers
Que boiuent les phalanges
Des iustes, & des Anges.

O ses tu criminel
De peché deplayé, couuert de forfaiɛture,
Presenter a l'ouurier de la ronde vouture,
Vn cantique d'honneur, & faire a l'eternel,
Pour le rendre propice,
De los vn sacrifice?

Mon cœur sois pantelant,
Vous mes poûmons sans air, vne crainɛte en mes veines,
Vne palleur au front, a mes yeux deux fontaines,
Vn torrent, qui sans cesse abbreuue ruisselant
Les blesmes destinées
De mes tristes années.

Ie le veux, ie ne puis,
Vn vouloir sans effet, car mon esprit contraire
Au dessein, qui veut bien, resiste de luy plaire,
En foy ie te connois, o grand Dieu, qui reluis
Plein de magnificence,
De foudre, & de puissance.

LES ROSES DE

L'homme viuant cy bas
D'vn mouuement humain ne peut rien entreprendre,
Si tu ne fais du ciel fur luy ta grace épandre,
La fource de falut des hommes ne vient pas,
C'eft vn effet extrême
De la bonte fuprême.

O pecheur mal'heureux,
Efprit éccruelé, que la raifon delaiffe,
Tu penfes clair-voyant percer la nuë efpaiffe,
Tu chantes la grandeur d'vn Dieu victorieux,
Et tu n'as poinct de crainéte
De fa Maiefté fainéte.

O miferable cœur,
Non cœur, mais vne pierre, vne infenfible roche,
Qui fourde a la raifon, de la raifon n'approche!
Pourquoy ne fondes vous, o mes yeux, la rigueur,
De vos glaces gelées,
En larmes emperlées?

Pleurés, mes yeux, pleurés,
Puis qu'a fon Createur parle fa creature,
L'homme a Dieu tout-puiffant, a l'ouurier fa facture,
Ouurier, qui fit de rien les cercles azurés,
Cette terre ou nous fommes,
Et de terre les hommes.

Me voicy deuant toy,
l'annonce de mon cœur les secrettes pensées,
Ie ne veux rien celer, de mes fautes passées,
Panche l'oreille saincte, o mon Dieu, o mon Roy,
Roy prodigue en clemence,
Dieu riche en récompnece.

Donne moy, Tout-puissant,
Des celestes vertus vne franche largesse,
Ie n'ay rien pour offrir, que ta même richesse,
Et le bien iournalier, dont tu me vas paissant,
Tu ne veux l'abondance,
Qui n'est de ta cheuance.

Seigneur de l'vniuers,
Sagette dans mon sein vne fléche craintiue,
Qui ma chair a l'esprit fidelement captiue,
Que mon ame, & mon cœur d'vn mouuement diuers,
Egalement balance,
De craincte, & d'esperance.

Mon ame, crain ton Dieu,
De même qu'vn naucher craint les gorges salées,
Des tourmentes, qui ont ses vaisseaux auallées,
Qui resté, boit déia le trépas, au milieu
De l'abbayante plaine,
Loin d'esperance humaine.

Ie loûray ta bonté,
Mais, Seigneur liberal, annonçant tes loüanges,
Tes merueilles, tes faicts, & tes graces étranges,
Donne a mes yeux des pleurs, a mon sein pureté,
Elance dans mon ame,
Vne amoureuse flâme.

Grand Dieu, ie t'aymeray,
Mais d'vn feu consumant ma brulante poitrine,
Mon cœur est le seiour de ta flâme diuine,
Ie cours a ses odeurs, heureux ie gouteray
La douceur admirable,
Du Seigneur ineffable.

Heureux, trois fois heureux,
L'homme qui met fidele, en Dieu son esperance,
Heureux le peuple sainct, dont il prend la deffence,
Heureux cil, qui recourt au Monarque des Cieux,
De qui l'ame contente,
Met en luy son attente.

Beni soit l'homme sainct,
Qui voyageur encor, en céte masse ronde,
D'épouille son esprit des vanités du monde,
Qui ia par ses vertus a dans le ciel attainct
La couronne de gloire,
Promise a sa victoire,

Mais

Mais heureux mille fois,
Les courtisans sacrés de la chambre azurée,
Par qui ta Maiesté sans cesse est adorée,
Qui celebrent ton nom, & d'vnanimes voix,
Font musique immortelle
A ta gloire eternelle.

PRIERE QVI EXCITE A LA DEVOTION ET AMOVR de Dieu.

ENTEN, Iesus, les plains de ton seruant,
Sois fauorable, a cil qui te reclame,
A toy, grand Dieu, de tous mes sens ie clame,
Purge mon sein, penetre plus auant,
Dedans mon cœur, a ton cœur le cimente,
Et mets en luy ta demeure plaisante.

De moy, qui suis l'ouurage de tes mains,
Faict du limon, vaisseau de ta boutique,
Oste le vice, & le forfaict inique.
Verse ta grace, & forme mes desseins,
Lors ie feray ton palais ma poitrine,
Car il te faut vne maison diuine.

LES ROSES DE

O mon tref-doux, mon tref-cher, mon tref-beau,
Plus doux que laict, plus negeux que la laine,
Qui faict de blanc tapisser nôtre plaine,
Plus odorant que le roux arbrisseau,
Dont l'odeur saincte, en nos ames tombée
Va surmontant les parfums de Sabée.

Qui m'est plus cher, qu'vn sceptre couronné,
Que les honneurs d'vn florissant empire,
Que l'or caché des mineraux d'Ophire,
Que les cailloux du Peru bazané,
Que le butin de l'areine dorée
Du Tage riche, ou les tresors de Rhée.

Que dif-ie, o Dieu, ie ne scay, mon Seigneur,
Dieu de clemence, ou i'ay mis mon attente,
Ou gist l'espoir de mon ame contente,
Ah! ie voudrois hausser en ton honneur,
Vn sainct cantique, ainsi que sur la croupe
Des monts tonnans, faict l'angelique troupe.

De quelle ardeur, ie beniroy ton nom,
Porte d'amour, a ton peuple fidele!
Ie feroy voir les bouillons de mon zéle,
Ie publiroy tes faicts. Et ton renom,
Par moy sans-fin ta bonté redomée
Et de ton los ma bouche parsemée,

Mais c'est en vain, esperer ce bon heur,
Faudra il donc au tombeau de silence,
Enseuelir, les traicts de ta puissance,
Toy qui iadis l'Hebrieu ton seruiteur,
Fis de muet vn diuin protocole
Pour éclaircir l'effet de ta parole?

Qui peux former au tendrelet ceruæu
D'vn enfançon l'eloquence feconde,
Naiffant parfaict en diferte faconde,
Et s'il te plaift vn Mercure nouueau,
Soit mal-heureux, celuy qui n'appareille
Vn chant de gloire a ta haute merueille.

O merueilleux Pere de Maiefté,
Qui du lambris du fpherique edifice
Vois dans nos cœurs, ma langue eft apprentiffe,
Pour exprimer ton immenfe bonté,
Et toutefois ie ne ceffe de dire
Tes iugemens, & tes faicts fur ma lyre.

Voy mon deffein, ne pren garde a mes vers,
Connoi mon cœur, & liberal me donne,
Ce que ie dois, & qu'il faut que ie fonne,
Sus exaltons le Dieu de l'vniuers,
Chante, mon ame, vn pfeaume a fa clemence,
Car il eft feul Roy de magnificence.

LES ROSES DE

Tu vois, mon Dieu, de mes secrets le sond,
Et le recoin de toutes mes pensees,
Pour ton amour elles sont amassées,
Pour luy des cieux l'arc bande sur le rond
De ceste terre, & la terre méprise,
Car le tien seul touts ces autres maîtrise.

Bruslé des feux d'vn celeste brasier,
Loin recule d'vne étrangere flàme,
Bien loin encor du monde & de sa trame,
Feruent de cœur & de vouloir entier,
Ie veux aymer, mais d'vn amour extrème,
Voir si ie puis deuenir amour même.

Ton Esprit sainct allume ce flambeau,
Selon mon cœur, qui bruslant ne respire,
Sinon le ioug de ton diuin empire.
Des Cherubins le Prince, & l'astre beau,
Sois en mon ame, en mes yeux en ma bouche,
En mon penser, en mon sein, en ma couche.

Si le soleil sa tresse nous faict voir,
Au Dieu viuant est mon ame bandée,
Dormant ie vois en songe ton idée,
Et si Phebé voile d'vn crespe noir
Le Cynthien, & rend sa face louche,
Au grand Seigneur, sans cesse ie m'abouche.

Vien éclairer ma chaude paßion,
Bruſle mes ſens, en mes os eſtincelle,
Ie baſtiray pour ce faict vne eſchelle,
De maints degrez, dans la haute Syon
Ie grimperay, tu ſeras mon eſcorte,
Et le ſoûtien de mon ame peu forte.

En la priſon de ce monde enchaîné,
Ce doux regard m'emporte de ſes aîles
Dans les cerceaux des voûtes Eternéles,
Pour moy ton œil eſt d'vne ombre cerné,
Tandis qu'au monde, errant l'homme chemine,
Il ne peut voir ta Maieſté diuine.

Heureux celuy, qui n'a point de forfaict,
Car il verra la ſpendeur de ta face,
Heureux celuy, qui rayonnant de grace
Benit ta gloire, & d'vn concert parfaict
De mille voix, faict retentir les ſáles,
Et les palais de tes maiſons royales.

Ie te coniure, immenſe deité,
Par ton amour par ta bonté celeſte,
Qui nous rauit de la biere funeſte,
Pour nous loger en ton eternité,
Touche mon ſein, de ſa froideur approche
Tes chauts rayons, fons l'acier de ſa roche.

Que ie sois faict par la saincte vertu
De l'ineffable, vn viuant sacrifice,
Hostie viue, arriere de tout vice,
D'vn repentir soit l'esprit abbatu,
Deuant les yeux, de mes tiedes paupieres
Roulent sans-fin deux coulantes riuieres.

Hoste du monde, & du monde captif,
I'estoufferay du monde la memoire,
Mon cœur beûra le lethé de sa gloire,
Constant au bien, au mal'heur non-craintif,
Pour toy, mon Dieu, ie ne crain la fortune,
Et ne me chaut quelle soit blanche, ou brune.

Puis que l'amour du Monarque des cieux
Garde la clef, ou les Parques sont closes,
Et que la mort nous rauit toutes choses,
Rauis de moy ce monde soucieux,
Ses vains honneurs, ses trompeuses blandices,
Car tu es seul mes plus cheres delices.

Descens o Dieu, descens en mon hostel,
Fais y seiour, mon cœur sera ta chambre,
Pleine d'odeur, d'encens, de musc & d'ambre,
Qui sont les vœux d'vn amour immortel,
Coulant sans-fin, mainte riuiere belle,
En l'Ocean de la vie eternelle.

Dieu, qui vois tout, en tout infiniment,
Qui connois tout, a qui le Pere Augufte
Faict prononcer, au peruers, & au iufte,
L'arrêt dernier du dernier parlement,
Tout l'vniuers, toute la gent encore
Prix de ton fang, te reuere, & t'adore,

Le courtifan, qui careffe flatier,
Des vanités le defirable encombre,
Ahanne, fuë & ne pourfuit que l'ombre,
Dieu, qui pour nous formas l'aftre routier,
Des Cieux errans, nôtre maifon future,
Las ! que fera, pour toy ta Creature?

On voit encor en ce fiecle nouueau
Cent pairs d'amis, cent Damons, cent Thefées,
Qui l'vn pour l'autre ont leur veines puifées
De fang vital fans crainte du tombeau,
On voit encor des conftantes Alcêtes,
Chaftes, mourir pour leur efpoux Admêtes.

Donc, o mon ame efpoufe du Sauueur,
De clous de feux en luy fois attachée,
Car fa clemence eft fur nous épanchée,
Il nous fortit du vice, & de l'horreur
Du palais fombre, & qui plein de meruefllés,
Faict pour les fiens des œuures nompareillés.

L'homme qui vit riche & plein de lingots,
Que la fortune en pouppe fauorise,
Et que le ciel a mis en sa franchise,
Ne gouste point les fruicts d'vn vray repos,
Le iuste seul, en l'eternel se vante,
D vn seul plaisir, qui rend l'ame contente.

Mal'heureux serfs, ne cessons de ramer,
La vanué faict le gros de la flote,
L'honneur les vents, la crainéte le pilote,
L'enfer l'ecueil & le monde la mer,
Ou le plaisir au fort de la tristesse,
Notre Dieu seul est le port d'allegresse,

Sus faisons voile au haure de bonheur,
Nos corps cy bas, en haut nos belles ames,
Poussent l'ardeur de leurs brillantes flâmes,
Dieu est le fort, affranchi de mal'heur,
Fin de nos maux son sacré domicile,
Est des humains le salut, & l'asile.

I'habiteray d'azur les pauillons,
C'est mon repos, ou le Seigneur preside,
Ie l'ay choisi, le pasteur qui me guide
Me conduira dans les flairans vallons
Des bons pastis, ou l'herbe sera haute,
Et pour iamais de rien ie n'auray faute.

O mon cher Christ, attise en moy les feux,
Touiours viuans, non d'vne Salemandre,
Mais d'vn Phenix qui renaît de sa cendre
Feux non-mourants, en mon sein amoureux,
Que l'Occean de l'enfer ni du monde,
Iamais ne puisse estouffer de son onde.

Pour toy, mon Dieu, de mille clous d'aymant,
Ie sois percé, pour toy seul Archetype,
A qui mon cœur doit son premier principe,
Viuant d'amour, ie meurs diuïnement,
Pour toy, mon Dieu, ie quitte la dépouille
Du faux honneur, ou nôtre ame se souille.

Puis ie courray de même qu'vn Cheureil,
Sur le tapis de la riante prée,
Humer le bâme, & la rose empourprée
Du sang de Christ, ie verray ce bel œil,
Ou les esleus, sans cesser ont l'œil ferme,
Et la splendeur de l'empire sans terme.

De deux Amours, est plein cét vniuers,
L'vn est sans mal, l'autre plein d'amertume,
Conflict de dueil, qui malin nous consume,
En même cœur, ces mouuemens diuers
Ne logent point, vne flâme adultère,
Et les fallots d'vn brandon salutère,

On cét amour terreſtre, vicieux,
Qui dès mortels koult en la fantaiſie,
Ce n'eſt amour, ains vne frenaiſie,
Vn doux poiſon, vn fiel delicieux,
Vn eſclauage, vne faueur trompeuſe,
Vn ſol deſir d'vne ame furieuſe.

Cil qui d'eſprit, ſe guinde dans le ciel,
Qui pour amant, nôtre grand Dieu careſſe,
Et ſa bonté, pour vnicque maîtreſſe,
Goûte ſans-fin le nectar, & le miel,
Boit les dôuceurs d'eternelle durée
Et vit content, parmy la troupe heurée.

O tout-voyant Pere de Charité
Mon Dieu, mon Chriſt, ces miens poûmons embraiſés
Redouble encor, les flambeaux de ta braiſe,
Pâmé d'amour, i'admire ta beauté,
De tout mon cœur, i'adore ta puiſſance,
Et te fay vœu, d'vne ſaincte innocence.

Ie t'aymeray, du meilleur de mes ſens,
En ma parolle, , au fond de mes moelles,
Ie marqueray tes graces immortelles,
Deuant mes yeux ſeront tes faicts puiſſans,
Ie banniray, pour toy ma chere vie,
L'amour brutal, les honneurs, & l'enuie.

Prête l'oreille, o flambeau de mes yeux,
Enten ma voix, ma requête entherine,
Dieu de clemence, & de grace origine,
Pour mes forfaicts, ne me banni des cieux,
Pardon, Seigneur, ma priere n'accorde,
Pour ces miens pleurs, mais par misericorde.

Par la beauté, de celle qui te fut,
Espouse, sœur, fille, & mere pucelle,
Par les vertus de la tourbe fidelle,
Par le sainct flanc, Seigneur, qui te conceut,
Exauce moy, reçoy mon sacrifice,
Et pour iamais, ton œil me soit propice.

ACTION DE GRACE.

Verbe de l'Eternel, qui vests l'humanité,
Et des haillons de chair voiles ta deité.
Pour ouurir aux humains , du ciel les
            sainctes portes,
Qui saccages l'enfer, retires les perdus,
Redonnes par ta mort , la vie aux ames
  mortes,
Et du pris de ton sang, acheptes les vendus.

Par les effects ardans de cét amour extrême,
Par le merite sainct de ta mort, par toy même,
Du sentier des méchans contregarde mes pas.
Plante dans mon dessein, l'amour de ta iustice,
Fay connoître a mon cœur, ce que tu ne veux pas,
M'approche de vertu, me recule du vice.

Qui purgera celuy, que nature conceut,
D'vne semence immunde, & le monde receut,
Criminel au berceau, de l'offence premiere?
Toy, seul Dieu de bonté, qui fais grace au peruers,
Qui changes les pecheurs, en Anges de lumiere,
Et r'animes les corps de lames ia conuers,

Retranche veritable, en moy ce qui t'offence,
Tu vois les manquemens de mon ingrate offence,
Touche d'vn doigt sacré, l'vlcere de mon cœur,
Augmente la vertu, le peché cauterise,
I'étale deuant toy, mon bien, & mon mal'heur,
Pren mon ame, Seigneur, loin de crime en franchise.

Roy le mal qui me tient, soudain ie gueriray,
Preuien moy de ta grace, & seur i'habiteray
Dans les champs pommelés de ton palais d'Elise,
Toy qui donnes secours, au blême languissant,
Et qui pour vn iamais, les playes cicatrise,
D'vn Adam de forfaict, vn iuste pestrissant.

Si te plaist de mon cœur, sertiliser l'areine,
De ses arides champs ensemencer la plaine,
Du grain, qui de sa fleur embâme les heureux,
Défriche de pechés les costes sablonneuses,
Essarte les halliers de son rocher pierreux,
Et de ses crimes vieux les ronces espineuses.

Bellastre de mon iour, flambeau que i'ayme mieux,
Ny que mon propre cœur, ny que mes propres yeux,
Verse dedans mon sein, vne amoureuse pluye
D'immense charité. le monde, & ses appas,
Me soient or en dédain, en toy seul ie m'appuye,
Seul obiect de mon ame, & soûtien de mes pas.

Barine

Burine de ta main, au fond de ma poitrine,
D'vn acier immortel, ta puiſſance diuine,
Graue dans ſon tableau tes ſainᶜts commandemens,
Ta iuſtice, ton nom, cête douceur m'enflâme,
Et me guide touiours, ſelon tes mandemens,
Tu ſois le ſeul diſcours, & le bien de mon ame.

Auiue eſtincelant, mon cœur d'vn feu pareil
A l'Eſprit conſumant, des ames le ſoleil,
Eſprit, dont la bonte' ſes peuples chers abbreuue,
Ie feray chacun iour, d'vn œil moite de pleurs,
Ecouler penitent de larmes vn long fleuue,
Oppoſant ta clemence, aux menaçans mal'heurs,

Mon Chriſt, & mon Sauueur, accorde ma demande,
Donne moy ton amour, mais vne amour tres-grande,
Qui loin de vanités, poſſede touts mes ſens,
Et pour gage aſſeuré, fay creuer les fontaines
De mes deux yeux ſans ceſſe, en maints flots iailliſſans,
Ainſi de ton amour ſoient les arres certaines,

Cê criſtal emperlé, fera inceſſamment,
Paroître de mon ſein le doux élancement,
Et de ſa paſſion, les flammes auancées,
Criſtal, teſmoin muet d'vn cœur deuotieux,
Et d'vne ame qui met, au treſ-haut ſes penſées,
Quand cêt amour diuin diſtille de nos yeux.

P

Seigneur, ie me souuien de cette femme saincte,
Qui pleine de soûpirs, de tristesse, de plaincte,
Deuant le tabernacle, espand ses vœux sacrés,
Et verse deuant toy vne onde larmoieuse,
Acheuant sa priere, acheue ses regrês,
Et reprent le serein de sa face ioyeuse.

De honte, de douleur, & de vergoigne épris,
Le sang faut a mon cœur, a mon corps les espris,
I'attache mes desseins, aux aisles de fortune,
Anne, pour estre mere, êuente mille plains,
Mille sanglots cuisans, mille fois importune
Dieu, qui rendit feconds d'vn prophete ses reins.

Mon ame que fais tu ? mon ame qui respire,
Les honneurs immortels du souuerain empire?
Qui veux aymer ton Dieu, d'vne amitié sans pair,
Ou les soûpirs ingrats, ou les pleurs iournalieres,
Qui deuroient iour & nuit, sans cesse détremper
Le sourcil larmoieux, de tes moites paupieres?

Darde tes yeux benins, & pren pitié de moy,
Ie suis surpris de craincte, & confus dans l'effroy
D'amertume couuert, & bourgeois de tristesse,
Isole moy, Seigneur, & ne méprise pas
Les accens douloureux d'vne ame pecheresse,
Pour elle tu voulus gouster le fier trepas.

Du profond de mon sein, fais écouler les ondes,
Qui noyent de leurs flots mes offences immundes,
Détache de mon cœur le crime, & le forfaict,
Enléue dans les cieux, mon ame bien-heurée,
Si sur tes fauorits, son bon-heur n'est parfaict,
Mets son cartier au pieds de la troupe honorée.

Ie voy deuant mes yeux, ce soleil de beauté,
Ce miracle d'amour, cét œil dont la clarté,
Fit mille assauts meurtriers, aux peuples Idumees,
Qui pleure son espoux, le cherche entre les morts,
Euente de regrêts ses flammes allumées,
Et gemit rencontrant vn sepulcre sans corps,

Quête touts les recoins de ta biere fatale,
N'abandonne d'vn pas ta grotte sepulcrale,
Elle voit non-trompée vn vuide monument,
Et si croit toutefois, que son œil plein de larmes,
Trompe sa passion, combien cher est l'amant,
Combien est grand l'amour, & violens ses charmes!

Vient, & reuient encor, pensiue au même lieu,
Qui tenoit en dépost, & son maitre, & son Dieu,
Ses yeux, qui l'auoient veu reposer en la biere,
L'approchent du grabat de son dernier sommeil,
L'absence de son bien la retire en arriere,
Et d'vn pied chancelant, l'éloigne du cercueil.

Elle entre mille fois, mille fois elle porte,
Vn pied sur le paruis, puis se tient a la porte,
En ce blême rocher, exale son tourment,
Chacun quitte la place, elle y faict demeurance,
Le parfaict de l'amour, est aymer constamment,
Et la fin des vertus, est la perseuerance.

Amour charmeur du ciel, sur touts autres second
L'vnit en Magdelaine, & n'a point de second,
Tu niches dans son cœur la flâme prisonniere,
Qui la fit consumer, gemir, perseuerer,
Le chercher en tous lieux, & merita premiere,
D'aboucher le Seigneur, le voir, & l'adorer.

Premiere tu le vis, du sepulcre deliure,
Et d'vn viure second, l'impassible reuiure,
Selons ses mandemens, aux disciples tu viens,
Annoncer le message, & voles consolée,
D'vn pas aislé d'amour, auiser touts les siens,
Qu'ils verront le Sauueur, aux champs de Galilée.

Si ces feux d'amitié, si ces brandons si forts,
Ont tiré tant de cris, tant de pleurs au dehors,
Remparé de douleur, vne dame constante,
Qui parmi le trépas, cherche le Dieu viuant,
Par foy le reconnoît, & par foy se contente,
D'vn espoir asseuré qu'elle va conceuant.

Que feras tu mon cœur ? quelles fortes tenailles
D'ennuis, & de regrès, pinceront tes entrailles ?
Quel fleuue de tristesse abbreuuera tes iours ?
Tu connois nôtre Dieu, qui tient en main le foudre,
Preside sur les cieux, & gouuerne leurs cours,
Et qui peut s'il le veut en vn rien les dissoudre.

    Toy, qui coüues diuin, vne flammeuse ardeur,
De voir, & contempler le suprême en grandeur,
Pleure du sang, ton sein d'amertume sagette,
Le Seigneur en tes maux, est l'asyleux recours,
Des miseres le port, qui iamais ne reiette,
Celuy qui cherement implore son secours.

    Sus, tandis que mon ame, en extase portée,
Ira voir ta grandeur, en son trône montée,
Tandis que ie feray parler vn Luth sonneur,
Tes merueilles, tes faicts, & ta puissance grande,
Arrache de mes yeux, vne coulante humeur,
Qui me soit iour & nuit, pour humide viande.

    Prince de Maiesté, sur ta piste courront
Ceux, qui baignés de pleurs, icy bas gemiront,
Tu consoles, clement, l'homme qui se lamente,
Qui le beau de ses iours trempe dans les ennuis,
Tu pleuras ton amy sous la tombe relante,
Et la saincte Cité, sur le poinct de ses nuits.

L'AMOVR CELESTE.

Par le double ruiſſeau de ſes larmes iettées,
Par tes bontés ſur nous en graces augmentées,
Ouure les deux canaux de mes yeux épleurés,
Par la flâme qui faiƈt des hommes l'ame entiere,
Qui change le rocher des pecheurs empierrés,
Fay de mon œil ſans fin vne large riuiere.

Par le merite encor des celeſtes guerriers,
Qui déia pres de toy, couronnés de lauriers,
Ont forcé les efforts de la tourbe infernale,
Vien en mon triſte cœur, les angoiſſes planter,
Comme tu fis iadis en la bande royale
Des Peres, que ie dois ſainƈtement imiter.

Nageant parmy les flots des larmes emperlées,
Sans repos, iour, & nuit, de mon œil deualees,
Ie prendray mon repas, puis d'vn feu conſumant,
Sur l'autel de mon cœur, blême de penitence,
I'iray d'vn repentir l'holocauſte allumant,
De qui l'odeur ſera ſouëfue a ta clemence.

Fay que mon œil pleurant vn larmoyeux ruiſſeau
Precipite, ſans fin, les perles de ſon eau,
Pour expier contrit mon ame ta viƈtime,
Plombé de repentance, & de grace touché,
Ie te fay chacun iour offerte legitime,
Ie ne ceſſe pourtant, de choper au peché.

Donne moy donc, Seigneur, les pleurs en abondance,
Par le nectar sucré de ton amour immense,
A ton seruant chetif prepare ces banquets
De seruices exquis, a l'ame profitables,
Donne moy ces festins, & les couure des mets,
Aux iniustes amers, aux iustes delectables.

Que ie boiue ioyeux en ta coupe, le vin
Les hommes enyurant, de ton amour diuin,
Pais mon cœur alteré de cête maluoisie,
Tout consumé d'ardeur, & de flammes tout plein,
Tu seras mon nectar, mon miel, mon ambrosie,
Bannissant loin de moy les traicts du monde vain.

Escoute moy, grand Dieu, escoute ma priere,
Escoute de mes yeux la torche coustumiere,
Ten l'oreille a ma voix, ie ne puisse iamais,
Presenter importun, vne requête iniuste,
Pardonne, pitoiable, efface mes forfais,
Non par mon oraison, mais par ton Nom auguste.

Par les sainctes vertus des habitans sacrés,
Qui viuent immortels, sur les poisles astrés,
Par toy même Sauueur qui sans germe pris estre,
Par le iardin de fleurs, par le vase bâmé
De celle, qui conceut son espoux & son maître,
Exauce les desirs de mon cœur enflammé.

Nix ego, Sol Christus; radiorum ardore liquesco
An mirum, ex oculis si fluit vnda meis.

PRIERE, PAR LAQVELLE L'HOMME EST GRANDEMENT
incité a contrition.

OSTRE *Dieu tout-puiſſant, qui fis les*
creatures,
Pour elles recourbãt des cieux les grãds
voutures,
Pour elles tu dormis au funebre tom-
beau,
Et ton ame repris par le trépas rauie,
Ie te pry par les feux d'vn reuiure ſi beau,
Par l'effeƐt immortel de ta ſeconde vie,
Reſſuſcite mon cœur, & de grace fecond.
Le muſque des odeurs de ton viure ſecond.

Prince, qui ſur les Rois ſur-hauſſes ton empire,
Tres-haut, tres-glorieux, en qui ſeul ie reſpire,
Qui montes couronné les hauts climats des cieux,
Repoſes triomphant a la dextre du Pere,

Fay moy boire a long traicts le ius delicieux,
Immortelle boisson, de l'esquadre legere,
Ie cours au doux parfum, dont ce verger est plein,
Et ne crain me lasser, sous l'appuy de ta main.

Mon esprit consumé de flammes alterées,
Succe dans ton seiour les ondes nectarées,
Lauoir de Siloé, puits des viuantes eaux,
Piscine de pardon, source & fontaine viue,
Desaltere mon cœur, baigné dans ces ruisseaux,
Humecte son ardeur, du fleuue qui l'auiue,
Car tu promets, benin, de clemence abbreuer
L'homme, qui vient contrit en tes bains se lauer.

Fontaine donne-vie, appaise dans mes veines
Le flambeau qui me cuit, de ses chaudes haleines,
Fay couler de mon sein vn torrent amoureux,
Vn emperlé cristal, vn fleuue qui m'ennyure,
D'vn breuuage pareil, au nectar des heureux,
Ie veux banqueroutier, des vanités deliure,
Au monde renoncer, pour tout contentement,
Mettre en mon souuenir l'ouurier du firmament.

Epanche en moy le feu de l'eternelle essence,
Commune auec le Pere, & le Fils en puissance,
Qui mouuoit sur les eaux, auant que l'eternel
De ce bas vniuers face la forme ronde,

Esprit que tu promis a tout peuple fidel,
De ta grace alteré, sous l'element de l'onde,
Eau viue dont le cœur deuotieux se paist,
Et de qui le pecheur en innocence naist,

Que ie puisse grauir sur la montaigne astrée,
Ou triomphant tu fis vne visible entrée,
Quand dix fois quatre iours, apres le fier trépas,
Aux membres reuiuans ton ame recolée,
Le corps a l'ame ioinct, monterent aux climas
Des cieux, perçant l'azur de la voûte estoillee,
Viuant en ce bas lieu, mon ame soit en haut,
Ou repose mon Dieu, & le bien qu'il me faut.

Abimé dans le creux de cête mer hautaine,
D'orages escumeux, & de tempêtes pleine,
Couuert de flots mutins, vn lieu ne reste seur,
Pour affermir le pied de la colombe saincte,
Tout baigne de discord, de rage, de fureur,
Enyon le fusil de murmure, & de crainte
Porte sa torche noire en nôtre entendement,
La cruauté dehors, & le forcenement.

Le corps, que tu bastis d'vne argilleuse terre,
Rampe chargé de soin, & dans ses rets enserre
L'esprit air de ton air, & le vent de ton vent,
Ennuié de brosser les delices trompeuses,

Que ie ſuis trop conſtant, au monde pourſuyuant,
Paſle de faim, bruſé de ſes flammes pompeuſes,
Ie n'ay dequoy, Seigneur, pour êteindre ces feux,
Car ie ſuis indigent, pauure, & neceſſiteux.

Toy, Seigneur, en largeſſe a nul autré imitable,
Qui nous donnes les mets, en l'immortelle table,
Appaiſe de mon cœur le combat inhumain,
Ren la force a mon ame, a mon eſprit ta grace,
Et laſſé du trauail, me ſoûtien de ta main,
Par toy, bel Orient, qui fis quitter la place,
Aux ombres, quand ſur nous tu r'amenas le iour,
Ouure a mon cœur pantois l'huis de ton beau ſeiour.

Verſe les dons ſacrés de ta main liberale,
Ordonne moy d'entrer en ta maiſon Royale,
L'amour qui dans mon ſein flambe diuinement,
Porté d'vn ſainct deſir, me fournira des aiſles,
Pour du monde franchir le celeſte element,
Ie beûray le nectar, des troupes eternéles,
Le froment des heureux, la pitance, & le pain
Des citoyens du ciel, allegera ma faim.

Attache des cerceaux a mon ame fidelle,
Plus forts, que des aiglons n'eſt la plume nouuelle,
Qui vont a tire d'aiſle, aux royaume des airs,
Ie traceray ſoudain, vn chemin dans les nues,

Vn voyage noueau, dans les sacrés vergers,
Qui roulent pour grauois mille perles menues,
Pour ondes le nectar, & de qui les pastis,
Sont de roses d'œillets, de canelle, & de lys.

Repeu de mets pareils, que les hostes celestes,
Mon cœur, a qui seront les secrets manifestes,
Viura plein de bon heur, & de contentement,
Cœur agité des vents, d'vne mer abbayantè,
Mais toy qui tiens le frein du baueux element,
Et qui rens d'vne mer, l'inconstance constante,
Accoisseras ses flots, tandis que dans les cieux,
Mon ame te verra, doux flambeau de mes yeux.

Arriere des mondains, & des troupes lasciues,
Bien loin des vanités, en vices excessiues,
Ennemi du peruers, du iuste protecteur,
Poußé du doux Zephir d'vne grace diuine,
Dieu sera mon appuy, mon maître, mon tuteur,
I'annonceray ses faicts, du fond de ma poitrine,
Car il est mon salut, le port de mon repos,
Retraicte de mon cœur, & le calme sans flos.

Quel bâme precieux, quelle odorante casse,
Quelle plus douce odeur, des riues de Tarnasse,
Parfume nôtre esprit, en exil confiné,
Que le penser diuin, de l'heureuse patrie,

Ou le trauail sans fin en repos terminé,
Et la mort inhumaine, en immortelle vie,
Ou sont les vrais plaisirs, les celestes ébas,
Les exquises beautés, & d'amour les appas.

O mon Dieu, mon Seigneur, qui sur toute puißance,
Eléue la grandeur de ta magnificence,
Quand irai-ie affranchi de ma triste prison,
Doucement allentir, mes chaleurs enflammées,
Aux fleuues Nectarins, de ta saincte maison,
Et verrai-ie contens, les troupes animées,
Des Anges, des Vertus, des brûlans Seraphins,
Qui touts font resonner, leurs canticques diuins?

Heureux, les citoyens des cristalines roûtes,
Qui sans-fin de ton los, font retentir les voûtes,
Mais heureux mille fois, & sous bon astre né,
Celuy que la bonté de ta grandeur immense,
A des auant son estre, au ciel predestiné,
Les saincts de nôtre Dieu, comme vn pré de nuance,
De roses odorant, d'Hyacinthe pourpré,
De tulipes, d'œillets, & de lys diapré.

Dans ce parc eternel, en abondance naißent
Les fruicts delicieux, dont les heureux se paißent,
Et hument a longs traicts le breuuage du ciel,
Toy source donne-vie, admirable fontaine,

Qui coule perennelle vn essain de doux miel,
Flambeau, de qui les rais, des cieux dorent la plaine,
Et vous faict raionner, comme le chariot
Du soleil éclairant, qui sort du rouge flot.

Dieu, des grandes vertus, combien mon cœur soûpire,
D'vn soûpir eternel, apres ce grand empire,
Ou viuent les esleus, ou fument les autels,
Par les vœux supernels, de tes splendides gloires,
Ou le concert ioieux des Anges immortels,
Va redoublant touiours, tes faicts & tes victoires!
Grand Dieu, fay ce faueur a mon cœur amoureux,
Qu'il herite sans-fin, le palais des heureux.

Comme le Cerf peureux, que le Veneur ameûte,
Brossant par le couuert, pourchassé d'vne meûte,
De maints chiens babillars, cherche par les forets,
Les doux coulans ruisseaux d'vne fontaine viue,
Ie cours a toy, mon Dieu, quand detaché des rets,
Et des liens charnels de ma prison captiue,
Verrai-ie satisfaict, la face du Seigneur,
Que mon œil ne peut voir, en ce monde trompeur?

Mal'heureux, que ferai-ie? entraué dans le monde,
Pelerin inconstant en cette masse ronde,
Dés le point de mon estre incertain voyager,
Loin du ciel ma patrie, ou gist mon asseurance,

LES ROSES DE

Helas ! que trop long temps ie suis faict étranger,
Que trop long temps mon ame, a faict sa residence,
Parmy ceux de Cedar, que de crimes pressé,
I'ay trop souuent encor, les méchans conuersé.

Qui fera maintenant empenner mes aisselles,
Comme les flancs plumeux des chastes colombelles,
Pour voler au repos, de de ta saincte Cité?
Bâmé de ses parfuns, mon ame languissante,
Cole a ton cœur, mon cœur, ioinct ma fragilité,
Par les cordeaux benins de ta vertu puissante,
Celuy qui te cherit, s'attache d'vn lien,
Qui faict que son esprit, est vn auec le tien,

Vien aisler ma pensée, affin que ie commerce,
Parmy les habitans de la voûture perse,
Guide ce tien transport, fay qu'vne espaisse nuit,
Ses ombres opposant, a ton œil de iustice,
Ne retire de moy le soleil qui me luit,
Et que le monde obscur, en moy iamais ne puisse,
Pour m'êloigner de toy sa noirceur êpancher,
Ny dans l'abîme creux des forfaicts trébucher.

Aux celestes beautés de Syon ie me pâme,
Autre desir plus grand ma poitrine n'entâme,
Loge en repos mon cœur, d'vne eternelle paix,
Guide lé pour entrer en ces prouinces calmes,

Ou tu flambes touiours, & veritable paix,
Israel de ta grace, orné de belles palmes,
Plein d'vn esprit diuin, ainsi que tes soldars,
Ie milite guerrier aux mêmes estendars.

Mais le monde pipeur vient troubler ma pensée,
Tranche de mes desseins déia l'aîle auancée,
Fay perdre a mon esprit sainctement oublieux,
Le souuenir du monde, & toute chose encore,
Plus que son estre belle, en vn seul curieux,
De contempler en foy le grand Dieu qu'il adore,
Mediter les excés de sa grande bonté,
Et viure des doux fruicts de sa diuinité.

Admirer du tres-haut les œuures nem-pareilles,
C'est vn contentement riche de grands merueilles,
Rien ne plaist a mon ame, & ne va rien aymant,
Que toy son seul obiect, & l'œil de mon idée,
Qui de milles vapeurs parfumes ton amant,
Et verses les bouillons d'vne soüeue ondée,
En l'esprit, qui diuin ne respire que toy,
Et t'adore sans-fin pour Monarque, & pour Roy.

Heureux trois fois heureux, viuant entre les hommes
Celuy, qui pelerin en ce monde ou nous sommes,
Espere en nôtre Dieu, & d'vn chant solemnel,
Sans cesse, faict tinter des cieux la voûte belle,

Q

Heureux, qui reculé de l'orage mortel,
Solitaire, constant, pouruoit de sentinelle,
Qui garde iour & nuit, de son ame le fort,
Et dans ses fiers trauaux touche déia le port.

Seigneur, ie te requier, par la saincte rosée,
Qui de rouges filets a ta gent arrosée,
Par ce bain de salut, qui laue mon forfaict,
En moy de charité le iauelot decoche,
Ton discours est viuant, en bonne trempe faict,
Trenchant des deux costés les ames qu'il approche,
Vn large coûtelas, qui de tranche pourfend,
L'acier de nôtre cœur, & du vice deffend.

Fay de ton beau carquois la demy-lune estendre,
Et d'amour vne flêche en mon ame descendre,
Nauré de charité, frappé de ton éclair,
Des leures de ma playe écoulera, sans cesse,
Vne tiede liqueur, vn fleuue d'ondes clair,
Darde en mon sein le fer, & viuement le blesse,
Profonde son rocher, arme son front de dueil,
Son ame de regrets, de fontaines son œil.

Cét humide ruisseau, céte perleuse source,
Qui iour, & nuit, renaist, & de mon œil d'essource,
De mille beaux souhaits grossira les canaux,
Car ie n'atten chetif en la vague inconstante,

Vn repos asseuré, ny la fin de mes maux,
C'est au ciel ton seiour, ou mon ame contente,
Espere pour iamais de son espoux royal
Les doux embrassemens, & le lict coniugal.

Porté dans les palais, ou ta grace fertile
L'immortelle douceur a plein vaisseau distille,
Ton œil étincelant, de grace, ie verray,
Adorant la grandeur de ta clemence grande,
Et parmy les scadrons des saincts, ie chanteray,
Ie voy donc maintenant celuy, que mon cœur aymé,
Ie possede content mon repos asseuré,
Et cil, que tant de fois mon cœur â desiré.

Mes bras aux siens colés, a sa bouche ma bouche,
Ie succe les odeurs de sa diuine couche,
Ioinct d'vn amour celeste au Dieu, pour qui mon cœur
Bourgeois du monde bas, brûloit de viue flâme,
Ie t'adore, grand Dieu, des veinqueurs le veinqueur,
Prince de Maiesté, le Saiueur de mon ame,
Honneur au Tout-puissant, dont la principauté
Dure sans changement, comme l'eternite.

Patiemment supporter la misere,
Nous apprendrons contenplans ce bon pere.

Confige timore carnes meas a iudicijs
tuis timui Psal. 118.

PRIERE EN ADVERSITE.

AY grace pitoïable
Au pecheur miserable,
Qui te va poursuiuant,
Par ta grande clemence,
Remetz l'iniuste offence
De ton humble seruant.

Couuert de forfaicture,
De pechés, & d'ordure,
Ie souffre iustement,
Si ie pense a mon vice,
Ie connoy ta iustice,
Trop douce, a mon tourment.

Car ie sçay, que ma faute
Est grandement plus haute
Que le mal qui me suit,
Nôtre Saueur est iuste,
Et sa grandeur Auguste
En equité reluit.

Vn Iuge venerable
En arrets perdurable,
Ferme ſans changement,
Qui nous tient en police,
Et punit la malice,
D'vn vengeur iugement.

De qui la bonté douce,
Les traicts irés émouſſe,
Des foudres menaçans,
Et rigoureux, n'exerce,
Contre la gent peruerſe,
Ses iauelots puiſſans.

Qui de la ſepulture
Fis ſortir la nature,
Et me formas de rien,
En cête vile cendre,
L'ame tu viens deſcendre,
Parcelle de ton bien.

Ame, qui par le crime,
Deſcendit en l'abîme
De l'enfer tenebreux,
Mais de puiſſance forte,
Tu nous ouuris la porte
Du royaume ſouffreux.

Il est tout manifeste,
Que ton vouloir celeste
Regit cét vniuers,
Et cy bas n'auient chose
Dont libre ne dispose,
Par maints effects diuers.

Ta sage prouidence
Les richesses dispence,
En faueur des humains,
Dans ce grand tout presides,
Et soucieux tu guides
Nos ames, & nos mains.

Nôtre Dieu récompense
Du iuste l'innocence,
Et pouruoit de moyens,
Pour tirer secourable,
D'vn ayde fauorable,
De la presse les siens.

Exauce ma requête,
Tien ton oreille prête,
Aux soûpirs de mon cœur,
Mais ne repren ma vie,
Aux crimes asseruie,
Au fort de ta rigueur.

Q 4

Ecoute ma demande
Ta douceur est plus grande,
Que n'est grand mon forfaict,
Par ta grace ineffable,
Pardonne moy coupable,
Le crime que i'ay faict.

Puis que ta main tardiue,
En la prison captiue,
Daigne me visiter,
Augmente mon courage,
Pour émousser l'orage,
Qui me viendra hurter,

Quand ta dextre séuere,
D'vne poincte colere,
Mon ame ira pressant,
Au fort de ma tristesse,
Ie chanteray sans cesse,
Le los du Tout-puissant.

Ton oreille panchée,
Soit de mes plains touchée,
Mon secours vient d'enhaut,
Pren pitié de mon ame,
Le Dieu que ie reclame
Connoit ce qu'il me faut.

Dieu qui mon cœur profonde,
Le penetre, le sonde,
Et voit son mouuement,
Et de qui la puissance,
Sur l'vniuers immense,
Regne eternellement:

PRIERE A NOSTRE
SAVVEVR IESVS
Christ.

O mille & mille ennuis, ô Dieu, que
ie reclame,
Auance ton secours, pour soulager
mon ame,
Dieu qui voulus souffrir, en la Croix
attaché,
Les pieds cloué de fer, & les mains estenduës,
Innocente victime, agneau pur non-taché,
Inestimable prix de nos ames perduës.

I'approche souffreteux, enfant de l'indigence,
Le monarque du ciel, le pere d'opulence,
Miserable ie cours, au Dieu qui faict pleuuoir,
Les tresors infinis de sa misericorde,
Qui iuste protecteur daigne me receuoir,
Et le pardon sans cesse, a mon forfaict accorde.

LES ROSES DE

Ie le cherche affamé, ſoudain que ie le treuue,
Il me paiſt de ſon pain, & de ſon vin m'abbreuue,
Si deuant mon repas, les ſoûpirs enfantés,
Exhalent de mon ſein, vne chaude eſtincelle,
Apres ces bons trauaux, & ces feux éuantés,
Mon ame ſe repait de la manne eternelle,

Deuant ta Maieſté, mon trêdoux ie confeſſe,
Les enormes peches de ma folle ieuneſſe,
D'vn germe criminel, nature me conceut,
Les ſalutaires eaux de ton ſacré baptême,
Lauerent mon forfaict, ta grace me receut,
Dans les ſcadrons eſleus de ta bande ſuprême,

Regeneré du bain de cête onde viuante,
I'ay tombé mille fois, en la foſſe relante
Des vices déreglés, la naiſſance me fit,
Par vn deſtin fatal au peché tributaire,
Puis cét eſprit méchant en offence confit,
Du crime originel, en faict vn volontaire.

Mais toy dont les bontés font vne mer profonde,
Retire ce mien cœur des vanités du monde,
Arriere du peruers recule mon penſer,
Inſpire en mon eſprit, vn deſſein de te ſuiure,
Cherche les droicts ſentiers, les chaſtes conuerſer,
Et des banquets diuins de tes phalanges viure,

Moy perfide conceu, d'vn lyon de Nemée,
D'vn Tygre Hircanien, ou d'vne Ourse affamée,
Ingrat, au bien-faicteur qui cherche mon salut,
Ie denonce la guerre, & d'vne aueugle audace,
Au Satrape d'enfer ie promets le tribut,
Payant de cruauté le Dieu qui me faict grace.

Ce sont, Prince de paix, les offences passées,
Qui prophanent mon cœur, bourrelent mes pensées,
On ne voit plus en moy le beau de ton pourtraict,
Mon ame languissante, en lambeaux déchirée,
Exhale ses douleurs, esclaue du forfaict,
Et gemit immortelle, a la mort vlcerée.

De mes iniquités, l'orageuse tempête,
A de maints tourbillons deîa couuert ma tête,
Miserable, ie suis du poix accrauanté,
Ie tombe dans la fosse, o Seigneur, que i'adore,
Si ta dextre puissante, & ta grande bonté,
Ne m'arrache soudain, du Styx a l'onde More.

O mon Dieu, trois-fois sainct, voy la bande ennemie,
Qui martire mes iours, & menace ma vie,
Targuée a mon mal'heur, faict son complot ainsy,
Maintenant a soûhait prenons d'elle vengeance,
Le Seigneur la delaisse, en misere & soucy,
Arriere de secours, qui fera resistance?

L'AMOVR CELESTE.

Iusques a quand mon Dieu ? mon Dieu prête l'oreile,
Aux plains de ma langueur a nulle autre pareille,
Esmousse les poinçons, de ces tristes malheurs,
I'implore ta mercy, sauue par ta clemence
L'enfant que tu conceus au milieu des douleurs,
Souuien toy de ta grace, & non de mon offence.

Quel Scythe furieux, quel selon Massagete
Contre son propre sang en cruautés se iette,
Quel enfant dont le pere, au fort de son courroux,
N'époincte sa fureur par vn traict de nature?
Ie suis mon souuerain, mon Roy, mon pere doux,
Bien que pecheur ingrat ta chere geniture.

Car tu m'as faict de rien, & me refais encore,
Quand le sale peché, ton portraict deshonore,
Corriges mon offence, & selon que iay faict,
Punis d'vn traict vengeur mon ame criminelle,
Donne moy les vertus, & de grace parfait,
Me deliure o Sauueur de la race mortelle.

Si Vêue d'amitie dans la rage portée
Vne mere oublioit de ses flancs la portée,
Toy pere soucieux, tu pouruois de secours,
Mon ame de regrês, & de douleur attainte,
Inuoque ta grandeur, en toy met son recours,
Et tu fermes l'oreille aux accens de ma plainte.

Malheureux, que ferai-ie, arriere de ton aide,
Et de tes yeux diuins ou gist mon seul remede?
Ie trébuche d'enhaut, en l'infernal trépas,
Ie cherchois le bon heur, ie suis plain de martire,
Ou suis ie malheureux! mais ou ne suis-ie pas?
Ie respirois le ciel, au crime ie soûpire.

Le palais du Seigneur, estoit ma residence,
Et maintenant l'enfer genne ma conscience,
Ie me meurs & Iesus, abandonne mon cœur,
Helas il vaudroit mieux aux humains encor estre,
Confús dans le Chaos de la premiere horreur
Que viure sans Iesus, sans luy mourir, & naître.

Ou ta misericorde? ou tes douces clemences?
Ou tes grandes bontés sur nos peres immenses?
Verrai-ie pour iamais contre moy décocher
Les fléches de ton ire? appaise ta colere,
Darde ces mémes yeux, couuerts de méme chair,
Qui pour nous fus l'obiect d'offence & impropere,

Ie confesse, grand Dieu, les excés de mon vice,
Deîa pour te venger le bras de ta iustice,
Apprête son tonnerre, insensible rocher,
Sans regrés au milieu d'vn Ocean de crime,
De sa diuinité i'ose encor approcher,
Car il est aux pecheurs, de clemence vn abîme.

LES ROSES DE

Ne te souuien, Seigneur, & ne mets point en conte,
Le vice qui palit. mon visage de honte,
Purge la mauuaîtié de mes transgressions.
Et n'entre en iugement contre vn serf miserable,
Mais suiuant la grandeur de tes compassions,
Efface les peches de mon ame coupable.

Helas, mal'heur a moy, quand ces fautes commises,
Seront deuant mes yeux, aux dernieres assises,
Quand le iuge du Ciel, en son grand parlement,
Ouurira les cayers. pleins de ma forfaicture,
Aux peuples fera voir, huchés au iugement,
Les peches de ma vie, & de mon ame impure,

Des Cieux voûte, estoillés, les ardantes murailles,
Deceleront mon faict, & les creuses entrailles
De la terre. ouuriront leurs abîmes souffreux,
Les yeux moites de pleurs, le front baissé de crainBte,
Et les esprits confus ie n'oseray peureux,
Contempler la grandeur, de ta Maiesté saincte,

Que dirai-ie chetif? Seigneur, ie te demande,
S'il faut a mon silence vne angoisse plus grande,
Mais las! s'il est permis de plaindre mon mal heur,
Ie ne me sens pourtant allegé d'amertume,
Et si ie tais mon mal, vne extreme douleur
Bourrelle ce mien cœur, & mon ame consume!

Pleure

Pleure, mon ame, ainſi qu'vne pudique dame,
Qui de ſon cher mary baigne la froide lame,
Mais hurle miſerable, ingrate ba de coûs,
Ton infame poitrine, & pleure ta miſere,
Car le Chriſt ton Saūueur, ton Pere, ton eſpous,
Quitte l'hymen nopcier de ta couche adultere.

O mon Dieu, mon grand Dieu contre moy ne deſſerre,
Les coleres êclats, de ton rouant tonnerr e,
Seigneur, tu ne veux point armé de tourbillon,
Rouge de maint êclair, de tempête, & de foudre
Deſcendre pour combatre vn fraîle papillon
Et l'homme que tu fis de limon & de poudre.

Aye pitié de moy, pren ſoucy de mon ame,
Affin qu'vn deſeſpoir iniuſte ne l'entâme,
Ie voy que le forfaict ſur mon chef amaſſé,
Merite les cachots de la bande noircie,
Encore n'es tu pas de nous aymer laſſé,
Et pour nous deliurer ta main n'eſt accourcie.

Du pecheur fauce-foy le trépas ne deſire,
Et promptement ſur luy ne décoche ton ire,
Toy, le Pere commun des hommes d'icy bas,
De l'infernale mort, par ta mort nous deliure,
Toy qui mourant pour nous ſaccageas le trépas,
Fay moy grand Dieu vivant, pour vn iamais reuiure,

R

Du pecheur fauce-foy le trépas ne desire,
Et promptement sur luy ne decoche ton ire,
Toy, le pere commun des hommes d'icy bas,
De l'infernale mort, par ta mort nous deliure,
Toy qui mourant pour nous saccages le trépas,
Fay moy, grand Dieu viuant, pour vn iamais reuiure,

Que le bras foudroiant de ta puissance forte,
Contre mes ennemis soit ma fidéle escorte,
Secours en mon mal'heur, plaise toy m'alleger,
Ne baille maintenant, en pillage ma vie,
Aux tirans inhumains, qui l'ont mis en danger,
Et qui pour la rauir l'ont tant de fois suiuie.

Qui pourra maintenant entrer en messiance,
De tes bontés, Seigneur, oublieux de vengeance,
Qui de l'enfer beant sauue tes ennemis,
Et de ton prope sang, as laué nos blessures,
De ton Pere eternel en grace nous remis,
Et gueris du serpent, les fatales morsures?

Couuert de ta clemence, en l'abry secourable,
De ta gloire, ie cours au pardon fauorable,
Ie t'appelle, mon doux, aye de moy pitié
Si deuant reclamer, a mon cœur tu fis grace,
Il attent les faueurs de ta belle amitié,
Car pour les posseder sans çesse il te pourchasse,

Découure a mon forfaict vne clemence auguste,
Et luy cache les traicts de ta cholere iuste,
De mes transgressions, efface le defaut,
Appaise ta fureur, souuien toy que nous sommes,
L'ouurage de tes doigts, a l'eternel il faut,
Vne immense bonté, pour le peché des hommes.

Ne pren garde au pecheur, qui trop superbe attire,
Les fleaus de ton courroux, & prouoque ton ire,
Ecoute de mes plains, les douloureuses vois,
Que veut dire Iesus, sinon le salutaire?
Que ce nom trois-fois sainct, me serue de pauois,
De force, & de salut, contre mon aduersaire.

Dieu, qui pour les humains riche en douceur abonde,
En tes compassions, seurement ie me fonde,
Tu te plais au pardon, la grace vient de toy,
Aux coupables tousiours, tes clemences accorde,
Deliure mon esprit, d'vn tyrannique émoy,
Ie recours aux grandeurs, de ta misericorde.

Selon tes mandemens, ie te fay ma priere,
Donne moy deliurance, êcarte ma misere
En ce monde glissant, ie cherche pour iamais,
Tes propices bontés, permets que ie les treuue,
Ie frappe pour entrer, ouure donc le palais,
Ou de meilleur nectar, les celestes abbreuue.

LES ROSES DE

Vne morne langueur me tenaille, & me ronge,
I'ay besoin de secours, sur moy ton bras allonge,
Ie suis ombre de mort, sans poux, sans mouuement,
Ren la force a mon cœur, a mes yeux la lumiere,
Mais voire si ie passe au triste monument,
Fay reuiure mon corps, en la funeste biere.

Toy, qui iamais lassé de nous donner entrée,
Au lambris éclairant de la perse contrée,
Guide mes actions, mes paroles, mes sens,
Pour te seruir a gré, mon ame se captiue,
I'espanche a ton autel mes vœux obeissans,
Inspire mes desseins, & pour toy seul ie viue:

Puis que ta main m'a faict, fraisle vaisseau de verre,
Vne cendre animée, vne viuante terre,
Ie dois a ta grandeur vn hommage vassal,
Et l'hommage, & la vie, a ton essence haute,
Qui vêtit nôtre chair au ventre virginal,
Et souffrit le trépas, pour achepter ma faute.

Que donrai ie, Seigneur, a ta bonté suprême,
Sinon ta creature, & le prix de toy même?
Ie te liure d'amour vn cœur deuotieux,
Et d'vn sainct vœu mon ame a toy ie sacrifie,
Ie n'ay pour tes bontés present qui vaille mieux,
Car ie tien de ta grace, & les biens, & la vie:

Reçoy donc mon offrande, eschauffe mes pensées,
D'vne amoureuse ardeur sainctement eslancées,
De facture, & d'effect ie seray ton seruant,
I'annonceray ta gloire, a la gent inconnuë,
Car de bontés sans-fin tu nous vas abbreuuant,
Et ton regne durable a iamais continuë.

R 3

PRİĖRĖ ṖLVS VTILE.

V B V Souuerain des Rois, vne essence
suprême,
De personnes distincte, vn Seigneur,
vn Dieu même,
Egal en Majesté,
Infini tout en tout, & deuant toute
chose,
De qui le sceptre encor perdurable dispose,
Outre l'Eternité.

Grand Monarque des Cieux, dont la gloire adorée
Domine triomphante, immortelle, en durée
Sur les siecles chenus,
Pren soucy de mon corps, en mon ame preside,
Maintenant & toûiours tien a mes sens la bride,
Par ta main retenus.

Guide mes actions, mes desseins, ma parole,
Releue mon penser sur les voûtes du pole,
Sois l'hoste de mon cœur,
Asyle de ma foy, fin de mon esperance,
Vray port de mon salut, & de ma confiance,
Pour iamais protecteur.

Exauce ma priere, indiuisible essence,
Garde moy de choper en l'insolente offence,
De l'homme vicieux,
Deffen moy du meurtrier des ames immortelles,
Decouure a mon esprit ses charmeuses cautelles,
Qui nous priuent des cieux.

Par les peres fidels, les antiques Prophetes,
Les Apostres sacrés de tes loix interpretes,
Et sages truchemans,
La force des martirs, la creance angelique
Des fermes confesseurs, & la bande pudique
Des chastes regimens.

Par le merite encor des phalanges sacrées,
Qui sur les plis ondés des voutûres astrées,
Font vn heureux seiour,
Et qui des le berceau du monde, & son enfance,
Esleués de ta grace ont pleine iouissance,
Des fruicts de ton amour.

Chaſſe le vain tranſport de mon ame flatiére,
Les arrogans deſſeins d'vne ſuperbe altiére,
Et l'orgueil enuieux,
D'vn bléme repentir touche ma conſcience,
A mon eſprit confus donne la repentance,
Des flenues a mes yeux.

Change le diamant de ma poitrine dure,
Guette mes ennemis, ſecourable n'endure
Que ie ſois confondú,
Deliure moy des rets de céte gent cruelle,
Qui ia me penſe voir, d'vne haine immortelle,
Au ſepulcre eſtendú.

Protegé de ton œil enſeigne moy de viure,
En tes commandemens, & ton vouloir enſuiure,
Car tu es mon vray Dieu,
Inſpire mon eſprit ren le prompt, & capable,
De parfaict conceuoir ta douceur admirable,
Qui s'eſpand en tout lieu.

Monſtre moy ce qui plaiſt a ta grandeur immenſe,
Et que ie dois chercher aupres de ta clemence,
Vtile a mon bon-heur,
Pour diſſoudre les rets, & conſommer la trame
Du forfaict qui me tient, arrache de mon ame,
Vne coulante humeur.

LES ROSES DE

Escoute, mon Seigneur, mon iour, & ma lumiere,
Escoute les souspirs de mon humble priere,
Reçoy mon oraison,
Exauce ma requéte, accompli ma demande,
Et prodigue sur moy d'vne clemence grande,
Les biens de ta maison.

Exauce moy, bon Dieu, si ton oreille saincte
Se ferme rigoureuse aux accens de ma plainćte,
Ie descens au cercueil,
Si mes priantes voix a mes soûpirs vnies,
D'vn fauorable ottroy, par toy sont accomplies,
Ie sors de mon sommeil.

Ne recherche en mon cœur les vertus innocentes,
Autrement, ie ressemble aux charognes puantes
Du pâle monument,
Mais si ton œil, en moy ses bontés estincelle,
Soudain ie reuiendray de l'ombreuse nacelle,
Aux clarteux element.

Ce que ta bonté faiĉt, en mon ame n'auance,
Ses faux chatouillemens, de blanche continence,
Ne parfay de tout point,
A mes iustes desirs, tien ton oreille prête,
Enten ma triste plainćte, & fay, qu'en ma requéte
Ie ne t'offence point.

Retire de mon sein, la faute criminelle,
Par moy de ton amour, couure moy de ton aisle,
En toy i'ay mon recours
Apporte sur ma playe, en douleur auancée,
Le vray Moly des cieux, la saincte Panacée
E marche a mon secours.

Blême de repentance, vne amoureuse craincte,
De ton nom souuerain, pour iamais soit empraincte,
Au milieu de mon cœur,
Détache les cordeaux de ma coulpe infidelle,
Abbaisse mon esprit, ren mon ame fidelle,
Et gueri ma langueur.

A mon frere Chrestien, ie sois inuiolable,
Me promettant la foy, ie iure le semblable,
Que ie viue pour luy,
Iugeant ses actions, que ce soit par moy même,
Et comme ie feray, qu'il me face le même
Au fort de mon ennuy.

Pardon, mon Dieu, pardon a ma faute passée,
Appaise les douleurs, de mon ame angoissée,
Pardon a mon forfaict,
Adouci de ces maux, la rigueur violente,
Ressuscite mon cœur, de la coulpe relante,
Le monument insect.

Gliſſe dans mon eſprit, vne crainte diuine,
Vne torche d'amour, en ma chaude poitrine,
Endoctrine mes ſens,
Ouure a tes mandemens, mon oreille attentiue,
Mon œil pour contempler ta clemence exceſſiue,
Et ſes effects puiſſans.

Aye pitié, grand Dieu, & me ſoy fauorable,
Iette ſur moy les rais, de ton œil pitoiable,
Chaſſe la ſombre nuit,
Donne moy cognoiſſance, allume en moy ta flâme,
Affin que ie ne tombe, aux vergongneux diffame,
Du peché qui me ſuit.

Deliure moy, Seigneur, de l'aſpre tyrannie,
Du rugiſſant démon, ta grace eſt infinie,
Et ton remede ſeur,
Abſous moy de tout crime, en ta bonté i'eſpere,
Au fort de mes ennuis, tu me ſeras proſpere,
O Dieu plein de douceur,

Et toy, Royne des Cieux, toy pucelle feconde,
Qui conceus le Monarque, & le Sauueur du mor.
Ton Pere, & ton Eſpoux,
Empéche que ton fils contre moyne deſſerre,
Ses foudres éclatans, & d'vn prochain tonnerres
Les equitables coûs.

Braue Prince qui mis Lucifer en derout,
Et le fis trebucher de l'aymantine voûte,
En l'Auerne abîmeux,
Nonce du Tout-puissant, heraut de sa naissance,
Et toy, qui moderas la nuiteuse souffrance,
Du Tobie pieux.

Vous courriers du Seigneur, nos Anges tutelaires,
Vous Prophetes encor, Patriarches, Notaires
Et vous ses Assesseurs,
Leuites consacrés, Prestres. Anachoretes,
Vous Archers de son corps, victorieux Atletes,
Vierges, & Confesseurs.

Par le Tres haut qui fit de rien vôtre nature,
Vous esleut debonnaire, humble ie vous coniure,
Prenes soucy de moy,
Faictes que l'Eternel, a mon ame propice,
Ne la iette vengeur, au glouton precipice,
De l'enfer plein d'émoy.

Qui suiuant tes bontés, a ma clameur accordes
Vne vie eternelle, & de sainctes concordès,
Tes sacerdots repais
Donne au Princes fidels qui marchent en droiture
Et iugent selon toy, les peuples ta facture,
Vne abondante pais,

Preserue de mal'heur, l'Eglise ton épouse,
Les hommes de faueurs immortelles arrouse,
	Garde les sous tes mains,
Le sexe feminin. remets en ta memoire
Aux sainéts religieux. prepare la victoire,
	Contre les sens humains.

Inspire les pasteurs, dés oüailles Chrestiennes,
Acquises par ton sang , par amour faictes tiennes,
	Veille sur ton bercail,
Asseure les mondains, qui font ton ordonnance,
Et viuent pour ton nom, pleins de perseuerance,
	Le iuste en son trauail.

Conserue droicturier, les modestes pucelles,
Loin des menteurs appas , des blandices charnelles,
	Aux vierges puretés,
Vous austeres nonnains, chastes religieuses,
Que vos ames sans fin , resistent genereuses,
	Aux sales voluptés.

Fay consumer les cœurs, de ceux qui l'Hymenée,
Conioinét de même loy sainétement enchainée,
	D'vn celeste brandon,
A l'homme penitent, qui ses fautes accuse,
Et pleure son forfaiét, liberal ne refuse,
	Vn gracieux pardon.

Soulage en ses ennuis la veue desolée,
Qui n'a d'vn second lict, sa couche violee
Eleue ses enfans,
Repay le diseteux, en sa foible indigence,
Toy, qui pour tes seruants, vse de preuoiance,
Et les pauures deffens.

Guide les voyagers, exempte les d'orages,
Fauorise leurs pas, & beni leurs voiages,
D'vn retour asseuré,
D'étrempe les soucis, pren la douce tutelle,
De l'esprit ennuieux, que fortune querelle,
D'vn desastre iuré,

D'vn repos eternel, fauorise les ames,
Dont les fragiles corps, couuers de tristes lames,
Dorment sous les tombeaus,
Sauue le Nautonnier, de l'ecumeuse pleine,
Oste le du danger & ches soy le r'ameine,
Riche de maints vaisseaus.

Puissent d'vn vœu diuin toutes ames fidelles,
Qui buttent leur desseins, aux voûtes eternelles,
Sans-fin perseuerer,
Les iustes aspirer, a la vertu premiere,
Le peruers, comme moy, d'vne humide paupiere,
Son offence pleurer.

O Christ, du Dieu viuant la chere geniture,
Qui vestis nos haillons, & te fis creature,
Pour lauer mes forfaicts,
I'ay peché deuant toy, mon crime ie confesse,
Et que mon ame encor infame pecheresse,
Trempe dans ses meffaicts.

Mais toy, dont la clemence est vn profond abîme,
Qui ne se peut sonder, pour y noier le crime
De ton peuple endurcy,
N'endure point, Seigneur que seul ie ne ressente
Les aimables effets de ta bonté puissante,
Et feconde mercy.

Monarque souuerain, qui sur les Roys domines,
Qui d'vn air foudroiant sur leurs têtes chemines,
Et bornes mon destin,
Porte dedans mon sein les flammes de ton zéle,
Arrache tout-voiant, la passion bourrêle,
De mon vice intestin.

Eclaire mon esprit du flambeau de iustice,
Ie consacre deuot, mes iours a ton seruice,
Et mon cœur, a ta loy,
Craintif en ton amour, iamais puissai-ie faire
Chose a tes mandemens directement contraire,
Ny contraire a ma foy.

Mon

L'AMOVR CELESTE.

Mon Pere trois-fois sainct, de qui l'honneur celeste
Est, & sera toûiours aux siecles manifeste,
Des peuples adorê,
Vueille exaucer pour moy l'oraison de mon proche,
Et pour luy celle encor, qu'en humblesse i'approche
De ton Nom reueré.

Guerdonne les bienfaicts de cil, qui charitable
Me partage ses biens, & me tient redeuable
A sa grace obligé,
Honore mes amis, d'vne fortune belle,
Mes alliés d'amour, soit en ma parentelle
Le bon-heur prolongé?

Secour tes seruiteurs, qui parmy les trauerses,
Trainent en ces bas lieux mille peines diuerses.
Mille soins ennuieux.
Et ceux la, qui passés du seiour habitable,
Ont dêia trauersé la riue irrepassable
Des fleuues oublieux.

Asseure ton Eglise, & le sainct edifice,
Où ton peuple Chrestien d'vn diuin sacrifice
Parfume ton autel,
Loge en ton Paradis les ames ia passées,
Qui franches de soucis a leurs corps ont laissées
Les lames pour hostel.

LES ROSES DE

Toy Seigneur, le principe & fin de toute chose,
Qui d'vne voûte seule as nôtre terre close,
Et fermé ce grand tout,
Toy, qui fis le premier, & vis ces fiançailles
Qui verras, s'il te plaist, bien tost ses funerailles,
Et son extréme bout.

Quand tu feras croûler les murailles poudrées
Du monde, & ressortir des tombes encendrées
Tout lescadron mondain,
Et le iour qui sera le dernier de ma vie;
Approche ton secours, contre la pâle enuie
Du serpen inhumain.

Grand Iuge de bonté, grand Dieu deteste-vice,
Ne reçois les cayers du Prince d'iniustice,
Qui cauteleux m'assaut,
Découure moy sa ruse, écarte l'imposture,
Donne, pour resister a ce traistre pariure,
La vertú qu'il me faut.

Depouille mon esprit de sa robe mortelle,
Parmy les regimens de la bande immortelle,
Prepare son palais,
Affin que bien heureux, ie chante tes loüanges
Tes merueilles sans-pair, & tes bontés étranges
Qui durent a iamais,

PRIERE EN MEMOIRE DE LA PASSION DE IESVS Christ.

***

IE vien, de tout mon cœur, mille graces
    te rendre,
O Dieu de mon salut, & d'ame & de
    penser.
Ma vie a tes bontés en sacrifice espädre,
Et ton los hautement redire sans cesser,

Ie connoi, mon Seigneur, que l'ardeur enflammée
Dont ie veux indeuot allumer ton autel,
Est vn zele indiscret, qui se perd en fumée.
Vn brasier qui n'est point digne de l'immortel.

S'il est en ces bas lieux aux humains impossible,
De chanter dignement ta grace, & ta bonté,
Pren, non ce que ie dois, mais ce qui m'est possible.
Et pour vn bon effet, reçoy ma volonté.

Principe de ma vie, & le but de mon ame,
Seul obiect, que mon cœur cherement doit auoir,
Fin de mon esperance, allume en moy ta flâme,
Et donne, pour aymer, la force a mon pouuoir.

Si d'vn celeste feu ma poitrine incapable,
Ne brúle d'vn amour égal a ta grandeur,
Ie porte mon desir, où ie suis redeuable,
Pour estre consommé des rais de ton ardeur.

Beau soleil de mon ame, & iour de ma lumiere,
Qui penetres mon cœur, & sondes mes espris,
C'est vn coup liberal de ta clemence entiere,
Quand iuste ie me sens de ta iustice éspris.

Tout le bien que ie fay, est vn vent de ta grace,
Puis que viure ie dois, suiuant ta volonté,
Aimer selon ton cœur, permetz moy, que ie passe
Aux effets de l'amour sainctement proietté.

Or pour tant de bienfaicts, que ta main liberale
Verse dessus mon chef, ie te ren grace, o Dieu,
Prouigne en mon esprit céte bonté royale,
Que ie chante, sans cesse, & celebre en tout lieu.

Acheue les proiets d'vne haute clemence,
Preuien moy de ta grace, accompli mon dessein,
Allume d'vn brandon ma serue nonchalance,
Et d'vn feruent amour flambe en mon chaste sein,

S 3

Ce font les vœux facrés de mon ame fidelle,
Et le cher fouuenir de ta grande bonté,
Qui me font defirer vne flâme fi belle,
Pour eftre confumé de ta diuinité.

Tu me fis de neant apres cête facture,
Me fortant criminel de l'amarry caché,
Efclaue de la peine, & ferf de forfaiĉture,
Tu me laue du crime a mon fang attaché.

Purgé de mon offence, encor ie me captiue,
Au feruage infernal, & me plonge au forfaiĉt,
Et tu permets, Seigneur, qu'en ce monde ie viue,
Et fuccé les douceurs, que ta clemence faiĉt.

Tu donnes longue tréue, a ta cholere ardente,
Et de mon ame attens vn blême repentir,
Mal'heureux, ie differe, & trompe ton attente,
Et ne puis a ta voix, de l'abîme fortir.

O Dieu, dont la bonté, fa iuftice deuance,
Pour ne lâcher fur moy le traiĉt de ta rigueur,
Qui ne tient fa cholere, & iamais ne balance,
La peine au contre-poids des fautes de mon cœur.

Seigneur, qui m'as faiĉt naître & pais mon indigēce,
De qui l'aftre éclairant, appafte mon defir,
D'vn attraiĉt fi diuin qu'il eft feul ma pitance,
De mon cœur le Neĉtar, & l'vnique plaifir:

Apres ces beaux soleils, ie soûpire, & ie pleure.
Il m'est a tard de voir ces flambeaux éclairer,
Comme l'enfant gemit du pere la demeure,
Qu'on voit dans les sanglots a peine respirer.

Ie meurs en ces regards, sans cesse ie lamente,
Non selon que ie dois, mais selon que ie puis,
Au triste souuenir, de ta mort violente,
Ie sens clorre mes yeux, de sommeilleuses nuits.

Puis mon ame, qui voit vne race felonne,
Dont le cœur est de roche, & l'estomac de fer,
Plus cruelle cent fois, qu'vne rousse lionne,
Contre le Dieu du ciel, ses rages eschauffer.

Les mains rouges de sang, de parricides pleines,
Blesser de mille coups, le Seigneur immortel,
Ouurir en oing canaux, ses bouillonnantes veines,
Et brunir ses flambeaux, d'vn sepulcre mortel.

Me souuenant encor, qu'en la funebre biere,
Pour nous rendre la vie, il anima son corps.
Ouurit les cieux fermés, en fermant la paupiere,
Et par sa triste mort, rendit viues nos morts.

Que pour nous glorieux, d'vne heureuse victoire,
Il a superbément nos ennemis domté,
De leur honte paré son triomphe de gloire,
Et de pompe éclatant en son palais monté.

LES ROSES DE

Ie baigne dans mes pleurs, ie pâme, ie soûpire,
Ie plain de mon exil, l'angoiſſe & le tourment
Ie cherche les beautés en elle ie reſpire
Et de ta gloire atten l'heureux aduenement.

Pourquoy mes yeux n'ont veu le grãd ouurier des hõmes,
Qui commande ſupréme aux celeſtes courriers,
Conuerſer indigent en la terre ou nous ſommes,
Aſſin de nous loger, au rang de ſes guerriers.

Mourir iniuſtement le iuſte, l'ineffable,
Qui porte ſans peché, de nos pechés le ſort,
Immoler l'innocent, pour ſauuer le coupable,
Et piteux l'arracher, des griffes de la mort,

Mal'heur infortuné, lumieres deſaſtreuſes,
Qui n'auès merité dans les ſiecles paſſés,
Admirer du Seigneur, les bontés moins nombreuſes,
Que du vaſte Occean les ſablons amaſſés.

Mon ame de regrés, & d'amertume atteinte,
Pleure le ſouuenir, de ſes fortes douleurs,
Helas tu n'euſſes veu, ſa face au pourpre teinte,
Sans verſer ennuieuſe, vn long fleuue de pleurs.

Sans l'armes contempler, vne gente aſſaſine,
Clouer de ton Sauueur, or les pieds, or les mains,
D'vne lance creuſer, ſon aimable poitrine,
Coulant a rouges flots, le ſalut des humains.

De tristesse, d'aigreur, & d'absynthe alterée,
Boy le sel mordicant d'vne angoisseuse mer,
Car le Prince du ciel, en la Croix adorée,
Beut le verre de fiel, & de vinaigre amer.

Plain les tristes soûpirs, de sa mere pucelle,
Helas! combien de pleurs, quel humide torrent,
Quel argentin cristal, sans cesse renouuelle,
De tes pudicques yeux, vn fleuue espais courant,

Quand tu vis, chere Dame, en la croix estenduë,
L'innocente victime, & ton fils attaché,
Abolir le contract, de mon ame perduë,
Et de son fier trépas, effacer mon peché.

Quelle riuiere encor, de ta face roulée,
Quels fleuues de tes yeux, ont les bondes ouuers,
Quand tu vis de ta chair, la chair estre immolée,
Et le iuste outragé, mourir pour le peruers.

Que de larmeux sanglots, que de cuisantes peines,
Exâlent de ton cœur, soûpirant, & pantois,
Receuant du Seigneur, ces dernieres haleines,
Et l'extréme soucy, d'vne mourante vois.

Femme, voicy ton fis, puis a son cher prophete,
C'est cy ta mere saincte, au fort de sa langueur,
Te legue prenoiant, d'vne bonté parféte,
Le disciple pour maître, & le serf pour Seigneur.

LES ROSES DE

Heureux, mais trop heureux ſi naiſſant en même age,
De l'Arimathien, ie vous euſſe grand Roy,
D'vn funebre appareil, faiƈt le dernier hommage,
Les pompes dreſſ   d'vn magnifique arroy.

Baigné vos menbres froids, de mes ſources larmeuſes,
Honoré le tombeau, de pleurs, & de ſanglos,
Verſé mille parfums, dedans les bornes creuſes,
Du monument fatal, qui vous tenoit enclos.

Viſité le ſepulcre, ou ces trois Dames ſages,
Paſlirent de fraieur, aux rais êtincelans,
De vos poſtes aiſlés, herauts de vos meſſages,
Qui d'vn raport ioyeux, les viennent conſolans,

Poſtillons fortunés, nouuelles fortunées,
Nôtre Dieu reuiuant, ſe preſente a vos yeux,
Que les Parques n'auoient, filé mes deſtinées,
Pour entendre la voix, du meſſager des Cieux.

Chaſſés d'vn triſte cœur, la crainƈte ſolitaire,
Ieſus, que vous cherchés en cète obſcurité,
Qui n'agueres pendoit, ſur le mont de Caluaire,
N'eſt point en cète biere, il eſt reſuſcité.

Mon Dieu, quand viendra l'heure, a mes iours la der-
Quand deliuré d'ennuis, ſur les poles monté,   (niere,
Verrai-ie de tes yeux, l'êclairante lumiere,
Et de ton corps diuin la ſainƈte humanité.

Porterai-ie les mains dans ces fosses verme.ll s,
Que le peuple vsurier, Deicide a creusé,
Et sainctement raui, de si grandes merueilles,
Ma bouche sur le sein, de mes pleurs arrousé.

Admirable, & sans-pair, quelle heureuse iournée,
Finira de mon cœur, les regrés soucieux,
Le iour m'est vne genne, vne prison l'année,
Et souffrance la vie arriere de mon mieux.

Mal'heureux que ie suis ? mais helas plus encor !
Mal'heureuse mon ame, esclaue en ce bas lieu,
L'eternel son époux, le Seigneur, quelle adore,
Quitte son lict nopcier, & ne dit point Adieu.

Pour receuoir la paix, tu n'es point rencontrée,
Dans le troupeau fidel des disciples aymés,
Tu ne l'as veu monter, en la courtine astrée,
Ny percer les climats, d'estoilles par-semés.

La prophetique voix des phalanges aislées,
Ne t'a point reuelé comme a ses truchemens,
Qu'il descendroit vn iour des voûtes estoillées,
Pour resoudre a neant, les diuers elemens.

Que dirai-ie, Seigneur, ou sera ma brisée?
Quel postillon fera des voitûres des cieux,
Entendre a mon espoux, que mon ame embrasée,
Charitable consume au flambeau de tes yeux.

Qui receura mes plains, ou fuirai-ie, ou irai-ie,
Pour ecouter heureux la voix de mon amant,
Le voir & l'adórer, mais las ou trouuerai-ie ?
Ce grand Dieu, que mon cœur aime si cherement.

Loin de ces yeux diuins, sans cesse ie me pâme,
Ie meure, ie soûpire, en mes iours angoisseux,
Ie pleure mon desastre, & semble que mon ame,
Seulement pour gemir, soit mise en ce bas lieux,

Le courage me faut, préque esteinte est ma vie,
Ie ne sens plus en moy, d'vne ame la douceur,
Vous rauissant de moy, vous me l'aués rauie,
Car vous estes mon ame, & mon partage seur.

Vêue de ton amour, mon ame languissante,
Trempe dans les regrés les soucis, & le dueil,
Ie plain mon infortune, & sans toy ie lamente,
Les Ieux me sont ennuis, & le iour vn cercueil.

Que cherchai-ie, mon Dieu, dans ces larges cambreures
Qui roulent sans-repos, le char enfante-iours,
Et que cherchai-ie encor ? en ces basses demeures,
Sinon toy le salut & la fin de mon cours.

En ce triste seiour, ie sens flestrir ma vie,
Sans toy rien ie ne veux, sans toy rien ie ne puis,
Aux hommes plus chetifs, ma langueur porte enuie,
Qui seule va passant, d'vn monde les ennuis,

Ie te veux, mon soleil, seul œil qui me r'enflâme,
Ie te quête sans cesse, œil de mon œil vainqueur,
Ie reuis, ie remeurs, vray Pyrauste en ma flâme,
Et dans moy se r'allume, vn feu, non point vn cœur.

Autre amour, que le tien ne boult en ma poitrine,
Autre feu, ie ne sens mes veines consumer,
Pay moy donc, o Seigneur, de ta grace diuine,
Ie ne puis autrement, ma faim des-affamer.

Ne me reiette point, i'ards, ie brûle, i'affole,
Pour toy, mon cher espoux, que i'œillade a lons traits,
Et mon cœur amoureux, a d'autre ie n'immole,
Car il tourne sans-fin, ou se tournent tes rais.

Ie ressemble a celuy, que fortune mastine,
Contraint a mendier son miserable pain,
Au belistre quêteur, que le riche coquine,
Et ne luy donne point, a repaître sa faim.

Mais o mon protecteur, des orphelins le pere,
Des vêues le soûtien, des angoissés le fort,
I'espere ton secours, en ma longue misere,
Tu seras de mon cœur, l'vnique reconfort.

Seigneur, est en la main, ombrage de ton aisle,
L'enfant qui delaissé, te reclame au besoin,
Combat pour ma deffence, épouse ma querelle,
Et de me secourir, fidele pren le soin.

Comme la chaste vëue, en ses ennuis constante,
Qui de nouueaux obiets, n'imprime son penser,
Mon ame coule en pleurs, & de ton œil absente,
Immuable, n'en peut vn seul traict effacer.

Ecoute les soûpirs, de mon triste vêuage,
Auise d'vn pupille, en ces lieux captiué,
Les torrens de douleurs, ie te fais vn hommage,
De ces larmes, tandis que tu sois arriué.

Or sus, Prince infini, de la Court etherée,
Eclate sur mon chef vn brillant de tes yeux,
Soudain ie succerai d'vne bouche alterée,
Le miel charme-soucy, qui distille des cieux.

Découure a mon esprit ta presence voillée,
Du crespe nuageux, du celeste element,
D'vn extrême desir, mon ame consolée,
Ne souhaite rien plus qu'vn tel contentement.

Tourne les gonds du ciel, ouure moy cet yuoire,
Du trone, qui reluit plein de ta maiesté,
Et ie verray content, en ce palais de gloire,
Du bon heur souuerain, la seule extremité

D'vne flammeuse ardeur, mon ame d'essechée,
Cherche de tes bontés, le fleuue dous-glissant,
Et ma brûlante chair, de même feu touchée,
Apres tes sainctes eaux, soûpire en languissant.

Dieu, mon Dieu, c'est de toy, source, & fontaine viue,
Que mon cœur petillant, a soif incessamment,
Quand viendrai-ie, & bien loin de la fosse captiue,
Verrai-ie du Seigneur, la face au firmament.

O Dieu, quand viendres vous, me tirer de la presse,
Rompres de mes douleurs, la carriere, & le train,
Flatter mon desespoir, me releuer d'oppresse,
Et mettre pitoiable, a mes soûpirs le frain.

Seigneur, ie vous atten, vôtre absence ie pleure,
Impatient me semble, vne heure le moment.
Et chacune heure encor, d'vn siecle la demeure,
Tant le desir me point, de vôtre aduenement.

O si le ciel benin, heureusement prospere,
Au gré de mon desir fauorable porté,
Preuenant le dessein, que mon cœur delibere,
Me bâmoit des odeurs de la saincte tité!

Si mon ame rauie au clos de ton enceincte,
Que sans-fin elle cherche, y pouuoit heberger,
Et concierge des cieux, en ta demeure saincte,
Arriere des regrés, pour vn iamais loger.

Si mon esprit encor eniuré de ton fleuue,
Qui coule pereunel en plaisirs non-communs,
De qui, ta Maiesté les celestes abbreuue,
Humoit a longs respirs ces ambroisins parfums!

LES ROSES DE L'AM. CELESTE.

Mais tandis qu'en ces lieux courbé sous l'esclauage
Du monde, qui me tient en ses bancs attaché,
Ie rame soucieux entre espoir, & naufrage,
Pour voir de mon desir le bel astre caché.

Ie veux changer mes yeux en larmeuses fontaines,
Mon cœur en source d'eau, qui ne puisse tarir,
Viure dans les regrés. les larmes, & les pénes,
Vn viure plus fâcheux, qu'vn funeste mourir.

Detremper iour, & nuit, en plaincte ma viande,
Plomber incessamment ma poitrine de coûs,
Fondre mes iours en pleurs, tant que mon ame entende,
Or sus voicy ton Dieu ton Seigneur, ton espoux.

Et pour mieux deceuoir ce long temps qui m'ennuie,
Arracher de mon cœur, sans cesse, les sanglos,
Fay conuertir mon sang en souspirante pluie,
Qui ne donne a mes yeux ny treue, ny repos.

Mon Sauueur est tout prest, ie le voy, qui deuance
Par sa grande bonté de mon cœur les souhaits,
Il est, le voicy, car sa douceur immense,
Se plait, a prodiguer aux hommes, ses bienfaicts:

Exaltons le Seigneur, & bien loin faisons bruire,
Aux peuples estrangers ses faicts, & son renom,
Et que par tout encor ou s'estend son empire,
On reuere sans fin la gloire de son Nom.

F I N.